郭伯南———

主编

古生物的活新知中

中国出版集团　现代出版社

图书在版编目（CIP）数据

古物中的生活新知 / 郭伯南主编. -- 北京：现代
出版社, 2023.6

ISBN 978-7-5231-0278-7

I. ①古… II. ①郭… III. ①中华文化－通俗读物
IV. ①K203-49

中国国家版本馆CIP数据核字（2023）第061023号

古物中的生活新知

主　　编	郭伯南
责任编辑	邓　翙
出版发行	现代出版社
通信地址	北京市安定门外安华里 504 号
邮政编码	100011
电　　话	010-64267325　64245264（传真）
网　　址	www.1980xd.com
印　　刷	北京瑞禾彩色印刷有限公司
开　　本	710mm*1000mm　1/16
印　　张	18.75
字　　数	200 千
版　　次	2023 年 6 月第 1 版　2023 年 6 月第 1 次印刷
书　　号	ISBN 978-7-5231-0278-7
定　　价	69.80 元

序

　　小孙女阿倩是个肯动脑筋的孩子，刚几岁，就像装着本《十万个为什么》，好刨个根，问个底，问天问地，没完没了，这点儿挺像我。小时候上课时，我有一次左一个"为什么"，右一个"为什么"，问个没完，问得老师也答不上个所以然。我被呵斥了一顿，还被罚站。可我不明白我哪儿错了。

　　大学时，读哲学、政治、文学、历史等，疑问越来越多，看法也越来越多，就随手记在书上。没想到，"浩劫"的岁月，书上那种种"疑问""看法"，被人抄去，说成是大逆不道，批来斗去，几乎给我带来灭顶之灾。我仍不明白我究竟哪儿错了。

　　历经磨难，两鬓如雪，我仍顽固不化，不思悔改，总认为自己的脑袋要长在自己的脖子上，凡事要独立思考，穷原竟委，弄个明白。真是"山河易改，秉性难移"啊！

　　想一想，自古以来，人类在童年时代，面对苍茫大地，日月升沉，电

闪雷鸣，生生死死，不也像我的小阿倩一样，总有问不完的"为什么"吗？人类与其他动物的区别，最主要的一点不就是头脑发达，善于思考吗？人类的文明，不就是在不断提出"为什么"、回答"为什么"的过程中发展的吗？不然，人类又怎能主宰地球，飞往宇宙呢！

我在《人民中国》杂志时，分工报道"中华文化"。有次开了上百个文化选题，多是司空见惯、似曾相识的，可若刨根问底，又多知其然而不知其所以然。比如：

生肖，人人有一个，少有人不知自己的属相。生肖是怎么来的？是从天竺国输入的，是从古巴比伦输入的，还是中华文明固有的呢？这就令人摸不着头脑了。

豆腐，是世界上人工最早提炼出的植物蛋白，是了不起的发明，在中华饮食史上功著千秋。豆腐是谁发明的？什么时候发明的？怎么发明的？意见纷纭，莫衷一是，不知让多少学者伤透脑筋。

名片，风行全世界。名片是怎么来的？有人说那是"洋玩意儿"，也有

的说是"从日本进口的"。名片究竟是"国粹",还是"舶来品"?

雨伞,可开可合,使用方便,是个了不起的发明。西方人说伞是中国人发明的。东方人说古埃及人就用伞,比中国早得多呢!那么,伞究竟是谁发明的,也成了世界文化之谜!

座右铭,有谁不知道呢,可它的起根发源,又有谁真的知道呢?考古学家声称最古老的座右铭是原始人汲水用的尖底瓶。听起来真新鲜,究竟对不对呢?

生鱼片,一说起来,谁都说那是日本的"国味"。凡到过日本的都知道,东道主总是一次又一次请客人去吃那"刺身",就像中国招待贵宾总得吃烤鸭。可若说早在3000年前生鱼片也是中国的"国味",风流天子唐明皇就是位擅长切生鱼片的高手,人称"斫脍皇帝",你信吗?

又比如,人们日常用的书信、搽的胭脂、穿的木屐、放的风筝等,哪个不是一看就懂,假若深究,又感到自己一知半解,似懂非懂呢!

这些"中华文化之谜",要一一说清楚,不那么容易,或资料奇缺,无从谈起,或歧说不一,莫衷一是。我们就设了个专栏,取了个名字叫"中国文化探源",一个"探"字,包含了"探讨"的态度、"探险"的精神,就这样走进中华文化的迷宫,开始了探险活动。尽管困难重重,还是从1986—1991年连续刊载了五年。每出一期,我们都"战战兢兢,如履薄冰",生怕不知什么地方弄出笑话来!

幸好,几度春秋过去,没出什么纰漏,也没遇到什么非难,却得到了广大读者、朋友的支持和鼓励,一封封热情的来信,给了我们巨大的鼓舞。不少专家学者,或提选题,或赐文稿,给予了真诚的帮助。更令人高兴的是,国内外的几十家报刊关注着我们的栏目,几乎篇篇都被人拿去转载,广为传播。这是事前不曾料到的。

刊出两年多的时候,1989年,日本东京美术出版社就予结集出版,推出日文版《中国文化のル——ツ》,即《中国文化的根》。1991年,上海三联书店推出中文版《华夏风物探源》。2007年7月,由香港三联书店出版,篇目有所调整,书名也改题为"饭后茶余谈文化",同年9月,湖南岳麓书社也出版发行。2023年,推出中文彩插版的《古物中的生活新知》,由现代出版社出版。

"中华文化探源"是项巨大的"文化工程",若要将博大精深的中华文化的来龙去脉一项项理出个头绪,不知得要多少代人的努力才能完成。我深信这一"文化工程"会像奥运的圣火,世代薪传,发扬光大,终将会为全球文明增添一个令人瞩目的新亮点。

这本书的主要作者有:文化史家莫容、民俗学家丘桓兴、学者郭净与笔者等。编撰过程中,我们不仅从古代典籍、先哲先贤那里获得了丰富的史料和深刻的教益，也从当代诸多专家、学者的著述中得到指导和启迪，获得了新知，借用了资料。本书为通俗读物，未能一一开列出处，深表歉意，恳请鉴谅！

最后，我在这里，向为《古物中的生活新知》得以成书并与读者见面而付出了劳动与心血的女士们、先生们表示真诚的谢意！

郭伯南

目录

❊ 古人的饮食·清欢 ❊

❖ 古人的文化·风雅 ❖

❖古人的娱乐·潮玩❖

古人的日用

精致

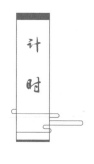

计时

历法，在中国有着悠久的历史，但历法的起源，却历来是个神秘莫测的问题。然而，少数民族中历法"活化石"的存在，却为解开这千古之谜提供了钥匙。

中国古代有太阳神吗？

相传，上古时代，中国有一个强大的部落。他们的首领被尊称为"太昊"，意为太阳神。后有继任首领，又被称为"少昊"，即小太阳神。这个部落栖息在泰山周围地域，东到黄海之滨。又相传，帝尧时，天官羲仲被派往近海的东方，专司祭祀日出，以定春种之期。说来也巧，就在山东濒临黄海的地方，发现了颇为值得研究的类似遗迹，出土了一些用于祭祀的大口陶尊，距今已有四五千年。

这种陶尊上，分别刻有天文图像。其中有一种是由三部分构成的：上为旭日，下为群山，中间的刻画似火似云，不甚分明。刻画极其工整，还涂有朱红。看到这幅图像，会令人联想到泰山观日出的情景。古文字学家多释此图像为描绘日出于大地的"旦"字。

陶尊上，如何绘此图像呢？这或许就是一种崇拜太阳的遗迹吧？曾经有这样一个故事。

浑仪

《帝王道统万年图册·少昊》

【明】仇英 绘

　　远在很古很古的时代，天和地刚刚分开，世上一片混沌。月亮出来了，才冲破了黑暗。月亮孤零零的，太寂寞了，她就请来了星星。星星一来，银光闪闪，太空就热闹起来了。可是，大地上还只有冷冰冰的沙子和石头，死气沉沉。月亮就去请太阳，太阳一出来，红彤彤，暖融融，草木长了出来，发芽伸枝，虫鱼鸟兽也先后来世上驰骋遨游。整个世界变得朝气勃勃，一派生机。最后，人才来到世上，育儿女，种庄稼。你看直到现在人和万物谁也离不开太阳呢！

这个故事，是 1976 年考古学家邵望平、天文学家卢央去云南省进行天文学起源调查时，一位哈尼族老人讲述的。故事以拟人的文学手法，生动地歌颂了普照万物的太阳的神奇功力。这不恰好揭示了原始社会先民崇拜太阳的道理所在吗？

崇日，是否纯属一种迷信呢？不是的。正如古代化学曾披着炼丹术的外衣出现一样，古代的天文历法也是笼罩着神秘外衣出现的。我们下面就是要剥掉这层外衣，探究一下天文历法究竟是从哪里来的。

最早的历法是如何产生的？

太阳一出一没为一"日"，这是天文历法中最早的计时单位。这一观念大概早在旧石器时代就有了。所以，人们相传，上古时候，"日出而作，日入而息"。历法中年、月等基本概念的发生，则大约是原始社会晚期的事情了。因为这时农牧业经济已经产生。

我们知道，"年"的概念，在经营原始农业的民族中，总是指庄稼的生长周期。台湾地区的古老居民高山族，过去，他们的"年"的含义就是指粟的收获，这次收获到下次收获期为一年。3000 多年前，商代"年"的含义也是这样。商人的"年"字写作一个"人"背负一"禾"，寓禾稼已成熟收割之意。在牧区，"年"的概念则与牧草的生长联系着。"离离原上草，一岁一枯荣。"草的一枯一荣，是牧业生产的一个周期。古代以游牧为生的宕昌羌人和鞑靼人，就都是以草的荣枯计岁时的。若问其年龄几何，则回答说："我见过几次青草发芽了"，或径直说："我几草了。"在渔猎民族中，"年"的概念则与其主要的捕猎对象的活动规律联系着。祖居中国乌苏里江的赫哲族人，一直保留着一种古老的遗俗，每捕一次鲑鱼（大马哈鱼），则挂起一个鱼头，用以记岁。若他们有人对某事的年月记忆不清时，同族人责怪他时则说："你连吃过几次鲑鱼都忘了吗？"

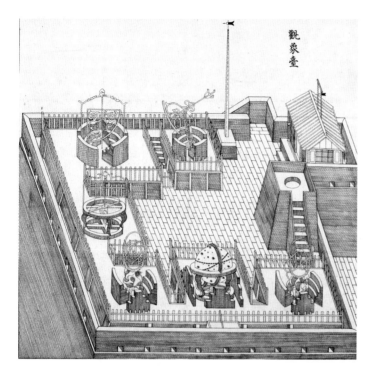

観象臺

《新制灵台仪象图·观象台》【清】南怀仁

显然，这些"年"的初始概念都同动植物的活动、生长周期联系着，也即同人们的主要生产活动的周期联系着。这种周期其实就是地球绕日公转周期的反映。

农牧业生产，在周期性的活动中，又呈现出不同的阶段性，比如"月"的划分，起初也只是一年中的一些生产阶段。中国云南省、四川省的傈僳族，在他们过去的历法中，1 年并不是 12 个月，而是 10 个季节月，即开花月、鸟叫月、烧山火月、饥饿月、采集月、收获月、酒醉月、狩猎月、过年月、盖房月。

各月的日数长短不一，并无定规。若今年粮食歉收，那么来年的饥饿月就开始得早些。这种季节月，原来并不是依据月相规定的，而是根据物候、生产、生活的规律逐渐形成的。这种季节月，往往都形成了口头文学式的生产调，世代口传心授，用以指导农业生产。哈尼族的季节月生产调有多种，内容十分丰富。如"若拉月来到了，竹子节节高了，竹叶出蓬了，小伙子不能再上山玩了，不能再串姑娘了。谷子抽穗了。农事大忙了……"这种生产调，实际已经成为一种物候历，一经用文字写定，则是早期成文的历法。中国的一些古历，名叫"月令"，就是这样形成的。

古人是如何发现闰月的?

傈僳族把 1 年分为 10 个季节月的历法，是原始历法的早期形态之一。此外，还有一种以月相变化为依据的太阴月。月圆为 1 月，或新月初升为 1 月。比如高山族过去的历法有的就是这样。每当收获之后，再逢月亮圆时，便过新年了。在他们那里，年无定月，月无定日，岁首也无定期。这也是极其粗略的历法。本来，在原始历法中以物候为特征的太阳年和以月相为依据的太阴年，没有恰当的倍数关系，两者每年相差 11 天多。但因其历法观念极其模糊，没有细致的观察和计算，所以，他们没有觉察到这种矛盾的存在。

随着生产的发展、人们计数能力的提高，以及观察的不断深入，这种矛盾就会被发现。某年 1 月恰好月圆时，桃花盛开，鱼儿上水了。今年又到了 1 月，月亮也圆了，桃花怎么迟迟不开，鱼儿也不上水呢？物候的周期怎么同月亮的 12 次圆缺不相一致呢？那么春播期又该怎么确定呢？生产实践中提出了问题，要求人们必须去予以解决。

云南省西盟山一位佤族老人讲，在他年轻的时候，佤族中的一些古老风俗还很盛行。每到二月快该播种时，翁戛科寨子的头人就到河边上看鱼儿是否上水，野蜂是否已经飞来。如果鱼儿没上水，野蜂也一准不会来，头人回到村寨就宣布，当年要再过一次"二月"。岳宋寨子的头人在"莫"月（佤族

《敦煌星图》（甲本）

这是中国最古老的星象图

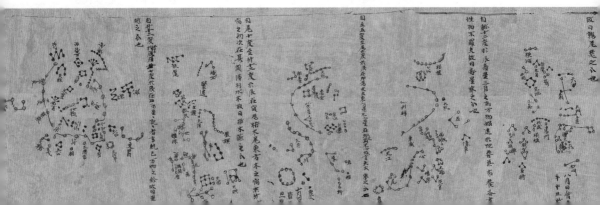

四月）过后则去看桃花，如果桃花尚未放苞，人们就以为这年很奇怪，头人就宣布今年再过一个"怪月"。

我国台湾地区兰屿的达悟人，每捕完一次飞鱼即过新年，1 年 12 个月，新月初升为月首。第 12 月为"石落月"，意思是在本月内要像石头落地一样结束捕获飞鱼的作业。然而，有时"石落月"已过，飞鱼还源源而来，他们就再加一个"泛舟之月"。

我们可以看到，生产实践提出来的问题，又在实践中予以解决了。增置"怪月"或"泛舟之月"，大概是原始历法中置闰的初始办法了。它的出现，标志着原始历法中的阴阳合历在生产实践的推动下，已具雏形。

古人如何观星定时？

我们谈到的傈僳历、佤族历以及高山族达悟人的历法，虽然各有特色，但概括地说，都是以观测物候定农时的，是一种物候历。原始的物候历也是有缺陷的，请听基诺族布鲁些老人的一段叙述吧！

我们基诺人是从什么时候种旱谷的，谁也说不上了。如何播种和怎样确定节令的方法，也都是老辈子传下来的。节气快到了，老人们就说："去看看苦笋吧，苦笋长到一锄把高，就该撒种了。"可是，谁又知道，苦笋常因雨水、土质、气温不同，长势不定，根据苦笋播种，多数年头都有收成，但有时未成熟，人就挨饿了。后来，人们发现天上的星星比苦笋报信准。

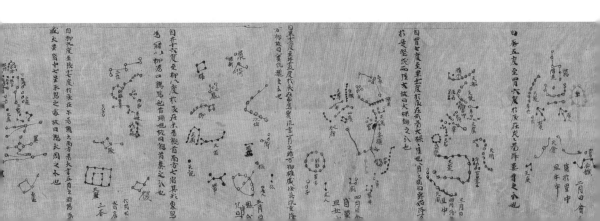

天上有三颗较亮的星星，一顺儿排着，就像妇女绕线的拐子，我们叫它大拐子星；还有三颗小一些的星星，离得很近，顶着大拐子星，我们叫它小拐子星；在稍远的一头还有一窝星，我们叫它鸡窝星。每年播种季节，太阳落山不久，它们就在西边天上亮了，离地有三人高（约45度），过不大一会儿，它们也就跟着太阳落了下去。在这时候撒旱谷，就会收成好。后来，我们撒种时就看星星了。

布鲁些老人这番话使我们知道，西双版纳的基诺人是用偕日没的方法观察参、昂等星宿的方位来定农时的。这在历法发展史上是一个巨大的进

《日月合璧五星连珠图》（局部）
【清】徐扬 绘
高台之上，是清朝钦天监观象台，官员们正在利用观天、测天仪器观测天象

步，由以物候定农时过渡到观测星象定农时，从此使观象授时进入了一个新阶段，开拓了天文学研究的广阔领域。

古人如何观日定时？

云南省澜沧县的木戛乡，流传着这样一个古老的故事。

太阳神是很勤劳的，每天都要出来在天上从东到西走一遭，看看人间万物。冬天冷了，它就骑着马儿跑。马儿聪明，专找近路走，跑得一天比一天快，到最快的时候从木戛东南边的路迪寨子上来，从西南边的那帕寨子背后就回去了。天热了，太阳就改骑猪，猪走得慢，而且挺笨，尽走远路，走得最慢的时候，是从木戛东北方向的克到寨子上来，到西北方向的哈胡寨子才回去。后来，就又换成骑马，当太阳再从东南方的路迪寨子上来时，就是一年了。

这个太阳出巡的故事，采取了比拟的手法，披上了神话的外衣，只要透过这些现象，就可以清楚地看到故事所描述的正是当地太阳的视运动规律。故事中讲到的木戛乡东南、西南、东北、西北四个寨子，大体上就是在木戛乡见到的冬至、夏至时太阳出没的地平方位。虽然在这个故事创作、流传的年代，当地拉祜人还没有形成冬至、夏至的科学概念，因而也没有太阳回归年的概念，但故事表明这些都已在孕育之中了。

据说，哈尼族过去有人曾以木棍测日影。那是一根被刻了许多刀痕的木棍，它被置于屋中一个太阳光可以经常照到的地方。根据太阳初照时的不同情况来判断一年中季节的更替，可能还以棍影在地面上的移动和变化，测知一日的时辰。

这位哈尼族人大概并不曾意识到他在创造一件天文仪器，那根木棍显然已兼有圭表和日晷两种仪器的作用了。当然，我们还不能称其为真正的圭表，可是，追溯一下历史，圭表不就是从一根木棍发展而来的吗？

中国天文学历史上，圭表的发明标志着最早的太阳历的形成。《尚书·尧典》说："期三百有六旬有六日，以闰月定四时成岁。"这是中国太阳历已正式形成的最早记录。早到何时？《尚书》成书虽晚，但此事，我们认为那是发生在中国文明时代之初。自此，中国天文历法学完成了孕育、萌芽的阶段，进入了发展时期。

纵观中国天文历法起源的过程，可以肯定地说，它既不是从天上掉下来的，也不是人类头脑中固有的。它同其他一切科学一样，植根于生产实践之中，同社会经济的发展密切相关。它们一经被认识，就又成为巨大的生产力，成为社会经济发展的先导！中国青铜时代的高度文明不就是证明吗？

（郭伯南）

枕，乃生活用品，算得上"文化"吗？枕，往昔少有被视为"文化"的机缘；甚至近世的服饰专著，也大讲衣冠，不予枕一席之地。三国吴人张纮则比较公允，曾作《枕箴》，将枕与冠相提并论，提出"冠御于昼，枕式于昏"，皆为"元首"（头）所用，只是昼夜有差罢了。古礼规定，新的鞋也不准放在枕上。因为，鞋卑枕尊，不能以卑犯尊。由此可见枕在古人心目中的地位了。枕在漫长的岁月中，与民俗、文学、艺术、医药学等结下了不解之缘。若细论起来，内容相当丰富，称之为"枕文化"并不为过。

最早出现的枕是角枕？

欲说"枕"，还得先说说它的起源。

李白有两句诗："醉来卧空山，天地即衾枕。"诗人自称这诗句是写的醉态。读来深感诗人心胸豁达。现在我们从枕史的角度来看，在茹毛饮血的时代，先民也可能曾与诗人一样，以苍天为衾、大地为枕吧！确切地说，最初曾有无枕的时代。

贾岛也有两句诗："井底泉通竹下池"，"床头枕是溪边石"。这诗讲的是有枕的时代。从枕的起源来看，先民大

青铜角枕

概也曾和诗人贾岛一样，以天然河卵石为枕。若此，这当是最古老的枕头，即石枕。欧洲考古曾发现19万年以前的石枕，是在法国的莫斯特发现的，发现时枕在一具尼安德特人遗骸的头骨下，是块燧石。这是已知的世上最早的石枕。

中国先民历来也有枕石之风。但据文献记载，最古老的枕头却是"角枕"。《诗经·葛生》有句曰："角枕粲兮，锦衾烂兮。"这是写一位相思之妇，看到丈夫的枕衾粲烂若新，而人不见归的情景。《周礼·玉府》记载："大丧……复衣裳、角枕。"即国王死后，将其上衣盖在尸体上，再枕以角枕，以之招魂。这里提及生前死后都用角枕，是值得注意的。

角枕是怎么起源的？如前所述，石枕起源于枕石，角枕自然起源于枕角。所枕为牛角、鹿角。考古曾发现有青铜铸成的牛角形物，时代为西周，但难以确定是否即为一种角枕。可以确知的青铜角枕，是西汉时代的，出土于云南江川李家山的古墓中，属于滇文化。那角枕两头翘起，枕的两头各立一雄健的黄牛，那牛角被夸大而突出了，显得十分威猛。鹿角枕考古未见，但古籍中有所记载。明代陈仁锡辑《潜确类书》中载

《双鹿图》【清】沈铨 绘

玉鹿

有"四皓鹿角枕"。"四皓",也称"商山四皓",是汉初的四位德高望重的长者。

先民为何要枕角呢？许慎在《说文解字》中认为，"枕，卧为所荐首者也"。荐，即垫。然而，可荐首之物甚多，为何唯独要用角呢？这同先民的角崇拜有关。我原以为角生于兽头，其势威猛，甚为可惧；可是，死兽之角，又有何可惧呢？1986年，我从四川，购得牛角号一只。当回京到家，我家那乌云盖雪的小猫咪如见虎狼，浑身颤抖，尾毛奓起，嚎叫之声甚为凄厉，惶悲之状，实难言表。我不得不将那牛角号藏起。由是令人联想到渔猎时代的先民，若以牛角、鹿角护身，睡时枕在头下，可防范一般禽兽的侵扰，想必角崇拜的观念即由是而生的吧！

民族学的材料揭示，几十年前仍过着狩猎生活的鄂伦春人，埋葬死者后，即在其墓顶放上成对的鹿角。这也许是生者送给死者的护身符吧。

无独有偶，考古学已然揭示：2000多年前，楚人也有为死者随葬鹿角的风俗。有的用真鹿角，有的用青铜铸成生有鹿角的异禽怪兽，也有用漆木雕成的鹿角。考古学者称之为"镇墓兽"。

角崇拜的风俗，大约起源于人类的童年，或许已有几十万年的历史了。枕角的风俗，想来也相当古老。然而，"角枕"一词见于文献记载，却只有2600多年。

古人怎么就爱睡硬邦邦的枕头？

角枕，初用真角，后则制为角状。文学家司马相如在《美人赋》中曰："茵褥重陈，角枕横施。"这表明，西汉时角枕仍在使用。考古发现的河北满城西汉中山靖王刘胜的枕头，已是方形，可两头还各加有一兽头，其形为从角枕到方枕过渡型。东汉时，已盛行方枕，也称"六安枕"，因呈长方体、六面皆可安放而得名。崔骃曾作《六安枕铭》，称"枕有规矩，恭一其德"。张纮《瑰材枕赋》中也说："制为方枕，四角正端。"这是枕的形制的一大变革，故引起史学家和文学家的注意。

从考古发现看，早在先秦已有准方枕问世了。河南信阳楚墓出土的竹木枕，形若几案，两头有木制方框为承托，两框之上用 12 根竹片排成枕面。长 60.8 厘米，宽 16.8 厘米，高 13.3 厘米。这是目前所发现的最早的方枕，距今 2400—2500 年。

秦汉以及六朝制枕，多以木、石为之。

木枕有柏枕、芳松枕、黄杨枕、楠木枕、色棱木枕，以及竹根枕、藤枕等。

石枕，如文石枕、白石枕、桃花石枕、青玉枕、碧玉枕、翡翠枕、水晶枕，以及琥珀枕、玻璃枕、珊瑚枕、石膏枕等。据史料记载：清末慈禧太后入殓时，曾特制一翡翠枕，雕成西瓜之形，名曰翡翠西瓜枕。如此硕大的翡翠，世所罕见，价值连城。

这些材质的枕头大多硬邦邦的，难道他们睡着不觉得难受吗？

古人认为睡硬枕可以使人睿智。其实，在战国时就有"高枕而卧，国必无忧"的记载。而且，古代男女皆束发，尤其是隋唐五代时的女性，特别喜欢高耸的发髻，睡觉时依然用钗或簪固定发髻，睡硬枕能很好地保持头发的造型。在硬枕最流行的唐宋，诗词里就有描写女子睡觉翻身时，头上的簪子与玉石枕头轻微相碰，发出的清脆声响："罗帐四垂红烛背，玉钗敲著枕函声。"

枕头还有许多形形色色的名堂，令人生趣。

盐枕。《后汉书》载："高昌有白盐，其形如玉，高昌人取以为枕，贡之中国。"

夜明枕。《开元天宝遗事》载："虢国夫人有夜明枕，设于堂中，光明一室，不假灯烛。"

重明枕。《杜阳杂编》载：唐元和八年（813 年），大轸（秦）国贡重明枕，洁如水晶，中有楼台人物，栩然若生。这大概是有内画的玻璃枕。

漆画韦枕。据《魏武上杂物疏》载："漆画韦枕两枚。"为汉献帝的御用物。韦枕即皮枕。另外，《梦溪笔谈》则载："古法以牛革为矢箙（箭囊），卧则为枕，取其中虚，附地枕之，数里内有人马声则皆闻之，盖虚（中空）能纳声也。"这可谓是皮枕的一种科学妙用。

方枕取代了角枕。可是，角枕的神秘性也遗传给了方枕。这里略说两例。

一为柏枕。南朝刘义庆《幽冥录》曰：焦湖（安徽巢湖）庙祝有柏枕，三十年后拆一小孔，县民汤林，来庙祈福。庙祝令其入枕上孔内。林入枕中，见朱门琼台，胜于现世，后升高官，得赵太尉之女为妻，育子六人，四男二女……林于枕内，永不思归，忽遭灾难，突而逃出。枕内几十年，而实只俄忽之间也。

这个柏枕的故事，就是后来唐人撰写《黄粱梦》（又称《枕中记》）的母本。《黄粱梦》中称为"囊中枕"，依其母本当为柏枕。古人以为柏有神力，其木有香气，可辟邪；其柏子为仙人之食，可长生。故自先秦以来，茔墓之地多种柏树。

一为无患枕。晋人卞敬宗有《无患枕赞》，曰："器物多祥，君子攸宜。""长隔灾气，永集灵祉。"简言之，无患枕乃吉祥之物，长睡此枕，可辟邪得福。

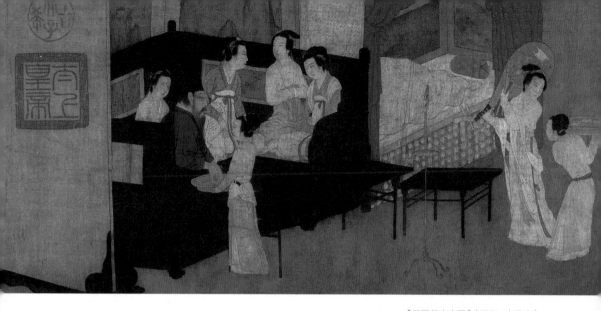

《韩熙载夜宴图》（局部／宋摹本）
【五代】顾闳中 绘
宴会中的床榻上，床帖拉开，被子堆叠，枕头也放好了，以便累了随时可以躺下休息

无患枕，因用无患木制成而得名。何谓无患木？即今栌木，亦称黄栌，属漆树科，叶若卵形，落叶灌木。在北京，深秋之季，西山上红叶遍布，确有"霜叶红于二月花"之美，人争往观胜。同时，由于受了"停车坐爱枫林晚"诗句的影响，人多以为红叶是枫叶。其实，西山红叶，枫叶为次，而以黄栌为主。栌叶入秋变得鲜红，这是一大特色。

"栌木"又为什么称"无患"？

晋人崔豹《古今注》中有一段注解：

"昔有神巫，曰淫眣，能作符劾百鬼，又以栌木为棒，得鬼则棒杀之。世人竞取此以为器，以厌邪魅。故'栌木'曰'无患'。"

原来，栌木枕同神巫的杀鬼棒有关，枕此，自然平安"无患"了！

古人为什么喜用动物造型的枕头？

角枕的神秘性，不但遗传给了某些方枕，也遗传给了

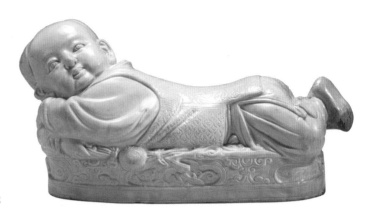

北宋定窑孩儿枕

唐三彩狮子枕

某些肖生枕。

枕的形态，除方的、圆的、角形的、扁形的之外，最为多彩多姿的是肖生枕，形象多富情趣，乃枕中的艺术品。诸如：

鹦鹉枕。《杜阳杂编》记载：唐朝，同昌公主有鹦鹉枕，以七宝盒盛之。公主出嫁时，捧出之。显然，这是一件珍贵的艺术品。

孩儿枕。唐代始烧制瓷质的孩儿枕，宋代广泛流行，其中不乏珍品。考古多发现，有的还流落异邦，均堪为国之珍宝。

龙虎枕。唐诗有句曰："收取头边蛟龙枕"，宋诗人梅尧臣有句曰："虎头雕枕剔空嵌"，分别提及"蛟龙枕"与"虎头枕"。景德镇中国陶瓷博物馆收藏的一宋代名枕，形为一龙一虎正在争斗，极为生动，名曰影青龙虎斗圆雕瓷枕。这种既有实用意义又有欣赏价值的艺术瓷枕，尚不多见。

在诸多肖生枕中，流行时间最长、地域最广的是老虎枕。老虎枕为今日民间的生活用枕，也是民间一种工艺品。

老虎枕起源于何时？

晋人王嘉《拾遗记》曰：三国时，魏宫中有玉虎枕。昔东汉时诛梁冀所得，云单池国所献。虎胸上有题记，云为"帝辛九年献"。

帝辛，即殷纣王。依此说，3000 年前已有虎枕了。但此说乃宋人编造，并云纣与妲己曾共枕此枕等，实不足凭信。但是，若说魏晋时已有虎枕，则即为确据了。试想：作者若不曾见过虎枕，怎能编出这段传说来？

比较可信的说法，是宋人赵令畤《侯鲭录》的记载："李广兄弟射于宜人之北，见卧虎焉，射之，一矢即毙，断其虎头为枕，示服猛也。"又云："铸铜象其形，为溲器，谓之虎子，示厌辱之。"

依此说，自李广始，方以虎头为枕，铸虎形溲器。考古已发现有战国的、汉代的青铜虎子。同时，此说最早见于《西京杂记》。该书所记西汉事不尽子虚。李广为汉代虎将，生年不详，卒于公元前 119 年。看来，中国为父母者多喜让孩子睡虎枕，希望孩子虎虎有生气的风俗，至少有史 2100 多年了。

其实，虎枕的作用，并不仅为示猛，还在于辟邪。《论衡》记有一则神话。

东海中有度朔山，山上有桃树，其枝叶所覆三千里，为众鬼所归之处。有两神人，名神荼、郁垒，看守众鬼。若有为恶者，则用苇索捆之，让老虎吃掉。

所以，汉代人画门神，门神旁画有猛虎。大概这神话的缘故，做父母的才为小儿穿上虎头鞋，戴上虎头帽，令其睡在虎枕上，那小儿不但形象威猛，且鬼不敢犯，得保平安。

与老虎枕类似的还有许多肖生辟邪枕。

据《旧唐书·五行志》载：唐中宗的皇后韦后有个妹妹，称"七妹"。她颇信肖生枕之神效，制有"豹头枕""白泽（一种神兽）枕""伏熊枕"等。据说，豹头枕可以辟邪；白泽枕可以辟魅；枕伏熊枕，多生男孩儿。这是古代的风俗。其实古人也不尽相信，有识之士，称之为"服妖"，不以为是。

大约在元代，绣花枕兴起，肖生枕的形象则衍变成绣枕两头的吉祥图案。如今枕上也多绣花，人们所追求的已经是艺术美，其原始的神秘性早已悄然而逝。

孙思邈靠药枕活到 142 岁？

据记载，唐代著名医学家、药学家孙思邈活到了 142 岁，就是因为他自己有一个药枕。所谓药枕，就是把中药放进枕头里，通过中药独有的芳香气味，达到"闻香祛病"的效果。孙思邈在《千金要方》中记载："治头项不得四顾方，蒸好大豆一斗，令色变，内囊中枕之。"

药枕，可医治眼疾、头痛、感冒、高血压、风湿病、老年慢性气管炎，以及神经衰弱、失眠、多梦等。因之，其品类很多。诸如：

菊花枕。南宋诗人林亦之自述说，自己闭门读书二十年，弄得老眼昏花，秉烛夜读时竟连虫、鱼等字也分不清了。后经睡菊花枕，居然返老还童，又能读蝇头小字了。因此，他作有《菊花枕子歌》，有句曰："故人所说菊花枕，似把冰丸月下饮。秋水一双明炯炯，数在青囊第一品。"同时代诗人陆游，也于秋采菊，缝枕，并为之咏诗，流传颇广。菊枕之外，还有以荞皮、蚕沙、茶叶、决明子等为枕的，皆取其性凉，清脑而明目。

豆枕。唐代诗僧齐己《豆枕诗》有句曰："豆枕依凉冷，莲峰入梦魂。"据《本草纲目》讲，"煮豆枕之"，可治"日夜不眠"。怪不得那位诗僧说，枕了豆枕，自己上了莲峰，成了佛，再也不失眠了。豆枕，多用绿豆，其性凉。亦有用赤豆、黑豆，也有以米为枕的。其药效则不尽相同。

麝枕。麝香有通络、开窍的功能。相传，枕内放入麝香，可令人安神，不做噩梦。可是，诗人陆游却怀疑此说，有诗句曰："麝枕何曾解梦恶，玉壶空解贮啼红。"

相传，还有一种枕，能令人做美梦，飘飘欲仙，故名"游仙枕"。《开元天宝遗事》载："龟兹国进一枕，色如玛瑙，温润如玉，枕之则十洲之岛、

《端阳故事图册·采药草》
【清】徐扬 绘

　　四海五湖尽在梦中。"此种游仙枕如何制得，未详其理。当代诗人流沙河，有诗咏《药枕》，即说："医我失眠，载我远游，你是翩翩不系的木兰舟。赠给屈原一艘、杜甫一艘，请前贤伴我航天去，漂向月球。"诗人将那药枕喻为航天的木兰舟，还要乘舟去月宫，访问嫦娥呢！这或许可以作为那"游仙枕"的一个注脚吧！

　　磁石枕。唐人著《云仙杂记》载："益眼者无如磁石。以为盆、枕，可老而不昏。宁王宫中多用之。"宁王，乃唐玄宗之兄。明人著《遵生八笺》载：将磁石安枕上，枕之，可"明目益睛，至老可读细书"。古人不但早就认识了磁石针指南的特性，也发现人的肌体与磁的关系。今日中国有售磁疗眼镜以治目疾者，或许有其科学的依据，值得研究。

琥珀枕。琥珀枕的历史较早。西汉时，"赵飞燕为皇后，其女弟在昭阳殿"，曾"遗飞燕琥珀枕"。时称"虎魄"，不知是否已知其药性。南朝初，宁州有人向宋武帝刘裕献琥珀枕，光泽甚丽。当时正兴师北伐，因之，刘裕大悦，命将枕捣碎，分给诸将，以治金疮。

古人在枕内储藏止血药物，不限于琥珀，也有的以荆芥、香蒲充枕，一旦有伤抓出即用。枕头成了备急药箱。

药枕始于何时？

南朝梁元帝谈及药枕起源时说："泰山之药，既使延龄；长生之枕，能令益寿。"这里说的是泰山父枕。典出葛洪《神仙传》，文曰："泰山父者，时汉武帝东巡，见父锄于道，头上白光高数尺。呼问之，对曰：有道士教臣作神枕……臣行之，转少，齿生。"泰山父者，即锄于泰山之下的老头儿。其所说为"神枕"，能令人延年益寿。梁人指出，其枕中有"泰山之药"。泰山父枕，实为"泰山药枕"。

若依此说，药枕始于泰山父。然而，此系神话，并非史实。

药枕，大概起源于古人的枕香草风俗。

南宋范浚有诗曰"独夜不眠香草枕"，南宋杨万里也有句曰"荼蘼为枕睡为香"。北宋晁次膺有词咏荼蘼花："风不定，雨初晴，晓来苔上拾残英。连教贮向鸳鸯枕，犹有余香入梦清。"荼蘼花，一名独步春，也称佛见笑。二三月开花，大朵千瓣，雪白清香。春时折入书册，至冬取出，犹有余香。

这种枕草风俗由来已久。枕草犹如枕石，自古有之，《左传》载：古人居丧，则"居依草庐，睡苦枕草"，以艰苦度日，表示哀悼。其实，这是原始生活的一种回归，也是人类童年长期枕草的遗风。

草有香臭，枕之，自然选择气味芬芳的。从而，形成了古人枕香草的风俗。依文献考证，枕香草至晚在西汉时已流行。司马相如作《长门赋》，即有句曰："抟芬若以为枕兮，席荃兰而茝香。"这里的"若"，即"杜若"，别称"竹叶莲"，即为一种香气浓郁的药草，它可以治疗虫蛇咬伤。枕此，既可闻香，又备下了药物。

有趣的是，药枕的起源，无论是神话传说，还是文献考证，均始自汉武帝时代，至今有2100余年了。更有趣的是，考古却发现了比神话传说还古老的药枕。那是1972年在长沙马王堆一号汉墓中出土的。

药枕出于棺室的北边箱，作长方形，长45厘米，宽10.5厘米，高12厘米。枕的上下两面用的是香色绢，两侧用的是茱萸纹锦。枕因在地下埋藏2000多年，有些部位已经糟朽开裂，填枕物露出。填枕物为佩兰。佩兰为菊科植物兰草的茎叶，性平、味辛，具有解暑化湿功能。佩兰全草含挥发油，叶含香豆精、香豆酸、麝香草等成分。这种香草枕当是用来以香辟秽的。这或许可以作为药枕起源于枕香草古风的一例佐证吧！

枕，除药枕闻香治病外，还有不加药物的种种健身枕，即医枕。如靠枕、穴枕、抱枕、竹夫人、凉枕以及诊脉所用的脉枕。

靠枕。靠枕也称"依枕"。依枕是一种软枕。白居易有诗句曰："一团香絮枕，倚坐稳于人。"先秦两汉南北朝，席地而坐，多用凭几，以为依靠。大约从唐代起，有了靠枕。宋史中记载，在金人掳去的物品中，即有"红纻丝靠枕一"。它在沙发流行的今日，仍到处可见。您若游览北京故宫的殿堂，则仍可见到古代帝后所用的硕大的黄绫靠枕。

穴枕。也称"引枕"。其特点是枕上开有一穴，大可容耳，以便侧枕时，耳朵不受压挤。唐玄宗有句曰："穴枕通灵气。"通什么灵气，不得而知。今日民间为幼儿制的

马王堆汉墓出土药枕

《槐荫消夏图》

【宋】佚名 绘

画中那位正在甜睡的文人，脑后枕着一个枕凳，双脚搭在一个细长的"懒架"上，好不惬意

布枕上，也有开"亚"字形孔穴者，其用途是有利于儿童耳朵的正常发育。

抱枕。名虽曰枕，实则不以头枕，而是睡时抱在怀中。其长从胸至膝，约90厘米。内充以木棉、棉絮、海绵等。中国南方老幼多有抱枕而眠的习惯。它有利于小儿肢体的发育，以及治疗老年人的"睡僵""五十肩"等肢体关节病症。

竹夫人。是夏季用的一种抱枕，是用竹编的空心长枕。唐人陆龟蒙有诗，称其为"竹夹膝"。宋代诗人则称之为"竹夫人"，也被叫作"竹几"或"青奴"。苏轼有诗道："闻道床头惟竹几，夫人原不解卿卿。"黄庭坚则道："我无红袖堪娱夜，正要青奴一味凉。"

这种抱枕始于何时？未见确载。宋人张耒曾作《竹夫人传》，托称元狩年间（前122—前117）汉武帝避于甘泉宫，即有了竹夫人。该传乃文学作品。记此，以备一说。

凉枕。酷暑难眠，人多睡凉枕。凉枕有竹制的、漆制的、藤制的，还有瓷制的。此类枕具生活中常见，无须赘述。

值得一提的是有一种瓷枕，上开有口，夏日可注入冷水，其枕冰凉；冬日也可以注入热水，其枕热烘烘。民间多有，称之冷暖枕。类似"汤婆子"的作用。汤婆子是一种瓷的暖水袋，也可放凉水，具有医用价值。

脉枕。中医切脉诊病，已有几千年历史。据说黄帝即令俞跗、岐伯等研究诊脉之理。西晋时，中国第一部脉学专著《脉经》已问世。相传，"脉枕"比"脉经"还早，汉代医圣张仲景诊脉即用脉枕。然而，古代脉枕却少有传世的。令人欣然的是，医学上的缺憾为考古与文物界的成就弥补了。现已发现三方唐代脉枕。

一为三彩枕，长方形（长11.5厘米，宽9.5厘米，厚5厘米），两侧饰柿蒂纹，施白、绿、紫三彩，陕西洛川出土。

二为水晶枕，略呈梯形（上宽14厘米，下宽11厘米，侧边长10厘米，厚6厘米）。扶风县法门寺佛塔地宫出土。据载为唐僖宗礼佛之物。

三为青瓷枕，长沙窑烧制，长方形（长15厘米，厚8.5厘米，宽10厘米）。这是河北省文物商店收藏的一个唐代脉枕。瓷枕可能是位医生用的，枕面书有某宅院刘玉的妻子生一男孩，身上有毛。这个记有唐代毛孩儿的脉枕，成为脉枕研究的一段佳话。（《中国文物报》1991年9月1日报道）

这几方脉枕的问世，表明中医诊脉用枕至少有一千几百年的历史了。

没有闹钟，古人如何准时起床？

何谓"警枕"？请读读下边的一些故事。

相传，宋代史学家司马光著《资治通鉴》时，天天秉烛到深夜，凌晨又伏案提笔，十九年如一日。他怕因困乏睡过了头，就睡在一个光滑的圆木枕上，只要一翻身，头便落枕，即被惊醒，继续伏案，故名曰"警枕"。

同代人富弼，年轻时在故乡洛阳天宫寺内读书，亦勤苦奋勉，夜用圆枕，以求自警。后为宋代著名宰辅。

警枕，宋人多用之，然而，却不自宋代始。

五代时，吴越王钱镠勤于军政，未尝一日安寝，即以圆木为枕，时名之曰"折中不睡龙"。折中，即不偏不倚；不睡龙，即龙（指吴越王）不得安然熟睡。

"警枕"一词也不自五代始，早在东汉，学者蔡邕即曾作《警枕铭》，文曰：

> 应龙蟠蛰，潜德保灵。
> 制器象物，示其有形。
> 哲人降鉴，居安虑倾。

这里的警枕，不是圆的，而是蟠蛰的应龙之形，应龙为有翼的神龙。它的神力能遨游九天之上，可蟠踞蛰伏，一动不动，意在不显露自己的神异之德，而暗暗地保存自身的灵性。这警枕是以物象形，以形示警，告诫世人，居安思危，临高虑倾。

东汉季世是动乱的年代。士人多隐逸蛰居，以求自保。作者蔡邕虽深谙此理，可是，他自己却蟠也不成，蛰也不成，终被卷入政治旋涡，为政敌所杀害，留下个孤女蔡文姬，使她受尽人间苦难。

警枕也有自身的演变、发展史。汉代是肖形的，起座右铭的作用。五代至宋，是圆木枕，是实用的。另外，还

元镂空广寒宫影青釉瓷枕

《鸡鸣图》【明】陈嘉言 绘

有一种，似乎也当列入警枕类，它的作用类似今之报时的闹钟，名曰"神鸡枕"。

《云仙杂记》载：唐代宣城（今属安徽）有个妓女，名叫史凤。她接客视人有差，特别看重的，令住迷香洞，有神鸡枕、锁莲灯；次者，则只予交红被、传香枕。

那神鸡枕有何奇异呢？原书未详。明人所著《华夷考》中却有较详细记述。

有名武孟者，得一瓦枕。枕之，闻其中鸣鼓起雷，一更至五更，次第不差，既闻鸡三唱而晓。至暮复然。武孟以为鬼物，举而碎之，见其中机局，以应夜气。有识者谓为"诸葛行军枕"。

同一传说，还有另一版本：

有渔翁从水中捞得一瓦枕，枕之，每至五更，即闻金鸡报晓。有一天，渔船旁停靠了一艘大粮船，粮商晨闻鸡鸣，却不见鸡影，便来问渔翁。翁以枕示之。粮商欲借一试，翁予之。果然，五更刚至，即闻枕中鸡声喔喔。

粮商以为是件异宝，欲以全船粮食与渔翁交换。渔翁同意了，即将粮船换走。那粮商得了异宝，又试了几夜，分毫不爽。他很好奇，想知道其中的奥秘，一天，竟将瓦枕打破了。结果，除了几片瓦砾外，还有一张字条，上写：

诸葛行军枕，雍正二年损。

渔翁发了财，粮商蚀了本。

这些传说，当属民间文学。然而，神鸡枕、鸡鸣枕以及诸葛行军枕的种种传闻，却反映了古人的科学幻想。这在今日已不难做到，连小小手表上都可以附装报时装置，制个装有录音的鸡鸣枕又有何难呢！可是，在古代，能提出这种科学幻想，也是难能可贵的吧？我六十贱辰，即有挚友送我一金鸡报晓闹表，置之枕侧，黎明之时，它即喔喔长鸣，可以说，古人那神鸡枕的梦想，早已成为现实。

（郭伯南）

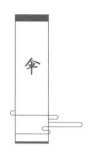

伞，作为普通生活用具，司空见惯，不足为奇。可是，它在世界文化史上，却同日本折扇的发明一样，一向被视为东方智慧的结晶。伞的故乡究竟在哪里？

西方有人讲在东方。东方有人讲在中国。中国也有人自称其为"国粹"。其实，伞的起源并非是一元的。"伞"在中国始于何时，至今仍是个待解之谜。但知，它在东方有着簦、盖、繖、伞四个阶段的发展史。

伞起源于何时？

华夏文化成就，大凡难究其始的，古人则往往归功于"人文初祖"黄帝。伞也是如此。

西晋人崔豹的《古今注》就这样写道："黄帝与蚩尤战于涿鹿之野，常有五色云气，金枝玉叶，止于帝上，因而作华盖。"

盖，是伞的古称。华盖，即华丽的伞盖。因之，1600多年以来，凡谈及伞的起源，多引之以为据。

伞的起源的这种神话，早在宋代就有人不信了。但是，究竟它是怎样起源的又说不清，于是就又编出"鲁班夫人造伞"的故事来。南宋魏庆之的《诗人玉屑》载：伞乃鲁班妻

《帝王道统万年图册·黄帝》

【明】仇英 绘

所造，谓其夫曰："君为人造居室不能移，妾所造伞能移千里之外。"认为鲁班妻是伞的始祖。因之，当代不少书刊中，已将古人赋予黄帝的伞的发明权，转送给鲁班夫人了。

其实，人类的许多文化成果，是难以确认是哪一个人发明或完成的。比如种植、房屋建筑等，是谁发明的？古人很聪明，对此给予一个巧妙的回答，如农业，是"神农氏"首创的，房屋是"有巢氏"首创的。译为今语，即农业是善于农业的人创造的，房屋是建造房屋的人发明的。依照此例，也可以说：伞是有篓氏发明的。为什么？因为

《耕织图》

【清】焦秉贞 绘

画中的农夫头戴斗笠，身披蓑衣

伞的最古老名称叫"簦"。

簦与笠，都是原始的雨具。唐人颜师古在《急就篇》的注解说："簦、笠，皆所以御雨也。大而有把，手执以行，谓之簦。小而无把，首戴以行，谓之笠。"东汉人许慎著《说文解字》解释得更简单明确：簦，是有柄的笠；笠，是无柄的簦。簦笠的区别就在于有柄无柄。显然，簦起源于笠，笠是最原始的伞。

簦，最早见诸文献记载，是《史记·虞卿列传》，称虞卿是个游说之士，"蹑蹻担簦"说赵孝成王，一见，赐黄金百镒，再见，为赵上卿。"蹑蹻担簦"，意为穿着草鞋，肩负雨伞。此事大约发生在公元前265年，距今有2200多年了。

笠，《诗经》中已见记载。《小雅·无羊》即有"尔牧来思，何蓑何笠？"问牧人，带来蓑衣和斗笠了吗？可见，早在大约3000年前，斗笠、蓑衣已是劳动者的普通雨具了。

笠、簦的实际使用，可能比文献记载古老得多，早在原始社会当已有之。但目前考古所发现的实物模型是先秦的，铸造于云南青铜器上。即带柄的斗笠。

孔子的马车为何没有车盖？

伞氏族系，历史悠久，支脉也繁多。"簦"为长族，始终与劳动者为伍，身世贫贱。"盖"为旁支，多与公卿富豪为伴，又分雨盖、车盖、缯盖诸支，丁口兴旺，兹分述之。

《孔子家语》里有个故事："孔子将行，雨，无盖。"门人说子夏有盖，孔子终不肯借，因为子夏为人吝啬。

《礼记·檀弓》中也有个故事："仲尼之畜狗死，使子贡埋之。曰：'吾闻之也，敝帷不弃，为埋马也；敝盖不弃，

《孔子像》
【南宋】马远 绘

为埋狗也。丘也贫，无盖，于其封也，亦予之席，无使其首陷焉。'"

这两个故事，都说孔子无盖。孔子并不富有，可也有自己的马车，可他却既无车盖，也无一把雨盖。所以，连个破盖葬狗也没有。这是为什么？不难想知，盖不同于簦，比簦贵重得多。盖之贵重，因为其制作繁难。

从考古发现的先秦车盖看，除竹木等材料外，还附有许多金属构件。如湖北江陵出土的楚车车盖，高 2.22 米，盖顶直径约 3 米。有盖弓 20 根，每根的末端套有青铜的盖弓帽。其他地方出土的，不少是银质的盖弓帽。盖衣多不见，可能多为皮质的，或用绢布加以髹漆。古籍《考工记》中，对制作车盖的尺寸、材料、工艺都有详细的规定。显然，比用竹条编个簦、笠难得多。

车盖始于何时？

先秦兵书《六韬》中记载：西周的开国统帅吕尚，天雨不张盖幔。《古今注》曰："武王伐纣，大风折盖。"盖幔似在商末周初已有。

从考古发现的实物看，西周早期确已有车盖。在北京市琉璃河燕国墓地的一座车马坑中，埋有 10 马 5 车，居中的一车上，设有车盖。盖为木质，有 26 根盖骨，从中央顶部向外放射性排列。顶的直径约 1.5 米。其时代至今约有 3000 年。从这一出土车盖制作之精熟程度来看，其先当还有漫长的历史。

是的，比之更早的商代也有车盖。在商代故都安阳殷墟出土的甲骨文中，车字很多。在《铁云藏龟拾遗》中有片甲骨上的车字，两轮之间的车轴上，特画有一车盖。

综合考察，商代已有车盖，但并不普遍，西周初期仍是如此。

华盖为何神圣？

伞氏族系中，有贫贱的簦族，也有常与豪富公卿为伍的盖族，而其中声势显赫、贵与天齐的为伞盖一支，其佼佼者名曰"华盖"。

在西方，埃及神话认为，凡人所见到的天，不过是神的下腹，从大地的此端到彼端，天像张开的一把大伞。因此，在神圣宗教仪式中，祭司和法老往往要立于盖荫下，以示其尊荣与威严。

无独有偶，在东方，中国古代哲人也有的视天为一把大伞盖，地像个方形的棋盘，从而形成一种古老的宇宙观，名为"盖天说"。这种宇宙观认为"天形如盖"。伞盖也就成为天的象征了。

先秦人制造车子，认为车厢是方的，象征大地；车盖是圆的，象征上天。上天有二十八宿，车盖有二十八根盖弓，以象征星宿（《考工记》）。这从陕西出土的秦始皇铜车上的伞盖可以看得很清楚。

考古发现的西汉马王堆帛画，从上到下分成天上、人间、地下三界。在天上与人间的分界处，就用一伞盖隔开，以之象征天。

《步辇图》
【唐】阎立本 绘
唐太宗端坐在步辇上，另有数名宫女或撑华盖，或持大扇

史载，新朝皇帝王莽，大概受到关于"九天"观念的影响，曾制作九重华盖，盖高为九九八十一尺。东汉灵帝，又造十二重华盖，象征十二重天，以显示自己身为天之骄子，至高无上。

综上所述，埃及的法老与中国的皇帝在"天像伞、伞像天"这一观念上何其相似乃尔！又都借伞来显示自身的威严与神圣。

古代对伞的制作、使用有法律规定。伞盖的颜色、纹饰、高度，也都依爵位不同而等级森严。华盖，其帷以黄色绫绢为里，故又称"黄屋"，为御用之物，不准他人僭越。汉文帝时，淮南王刘长私制黄屋乘舆，依法论罪当死，遑论平头百姓！

这就不难理解，为什么古人编造的神话，说华盖起源于黄帝头上的五色云气，意在渲染华盖的神圣性，当是不言而喻的。

华盖在唐朝以降，多用于佛道的宗教活动。

《元史》中有个金伞游皇城的故事。

元至元七年（1270），皇帝听了帝师八思巴的话，在元大都皇宫内大明殿的御座上，建起一项白伞盖，用素缎制成，伞上用泥金书写了八个梵字，即"镇伏邪魔，护安国刹"。从此，每年二月十四日，即在殿上建起金书伞盖。次日，由帝师率众恭请金伞出皇宫，绕皇城，进行大游行。队伍中有僧侣、仪卫、大型乐队、化装的歌舞百戏，队伍长达30里。后妃及宫人在五德殿门外，搭起金脊五殿彩楼，观览游行的长龙。这佛事活动共历三天，最后送还金伞。年年如是，名曰"金伞游城"。

马王堆汉墓出土帛画

东方的僧侣也和西方的祭司一样，利用伞的神话及神秘性，以提高宗教的声望。那金伞年年游皇城，可大元帝国的国运却不长，终于被愤怒的农民起义推翻了。

从此，伞氏中的贵胄日见衰颓，即使在佛、道的重大活动中，它也显得十分寒酸。只有在戏剧影视舞台上才略显出一点威严。

伞如何走向大众？

伞氏族系中，簦氏有着悠久的历史，盖氏有过辉煌的岁月，伞氏最年轻，却是最富有革新精神的。

伞，其音其形，均有来历。

"伞"，古写为"繖"，从纟，散声。"繖"字最早见载于《通俗文》，释曰："张帛避雨，谓之繖。"可见，它不同于盖的是，繖衣以帛制成，可以散开，故称"繖"。伞的读音，即源于散开的"散"。

《通俗文》的作者为东汉经学家服虔。他生卒年不详，仅知在中平年间（184—189）曾任九江太守。即"繖"字见于字书，约有1800年了。

"繖"字见载较晚，但其实物出现较早。考古发现的战国人物驭龙帛画，其人物头上就有一顶张开的帛繖，四角系有垂缨。它不同于车盖，故称为"繖盖"。繖的出现至少也有2300多年了。

"伞"字的出现更晚。它是南北朝时始造的新字，最早见于《魏书·裴延俊附裴良传》，有"白伞白幡"之句。该书脱稿于公元551—554年，即伞字的出现有大约1500年。

《清明上河图》（局部）【北宋】张择端 绘

　　原有"繖"字，为何又要造个新的"伞"字呢？究其原因是繖氏家族中出现了革故鼎新的新成员。"繖"字本为形声字。"伞"字的繁体或简体，却都是个象形字，即繖氏家族中鼎新者的具体形象。

　　《南史》载，南齐时，盛行四幅伞，人争用之。朝廷为提倡节俭，诏令禁止穷人使用。四幅伞，顾名思义，其伞衣为四幅布帛连缀而成。这种伞的形象，在东晋的顾恺之《洛神赋图》上、南北朝的石刻上均有发现。形为中央高、四角低的帛伞，伞衣绷得不很紧，看不见伞骨。山东嘉祥隋墓的壁画中，也有一顶四幅伞，有四根支撑伞弓的弓叉外露，弓叉另一头集于伞柄的中间。唐代阎立本的名画《步辇图》上，也画有一伞，作四幅，四角垂缨，其四根弓叉支撑着四根伞弓，一目了然。繁体"伞"字写作"繖"，其中有四个"人"字，其实，那不是"人"字，而是伞的弓叉支撑着伞弓的象形，其数为四，那是伞为四幅的缘故。

　　繖与伞的区别，除可以开合与否外，顶也不一样。"繖"是圆形平顶，"伞"却是尖顶、截锥形。故"伞"字字形强调了这一点，开头两笔，即画出了尖顶。

缴与伞，在伞衣上也大有区别。缴，从"纟"，因其伞衣为丝织物。伞的伞衣，初始也曾用布帛。当伞字见于史册的时代，已有了油纸伞。南北朝文学家庾信（513—581）有封答友人赠"伞"的信，其中谈及"紫油伞一张"。油伞是紫色，大概是因用桑皮纸制成，涂有多层桐油的缘故。值得注意的是，诗人在泛指伞时，用了"缴"字，而具体讲到紫油伞时，写作"伞"。显然，南北朝时"缴"仍是个内涵较丰富的大概念，而"伞"则专指有别于传统式样的新成员。

伞，经隋唐，到了五代，工艺已渐精。

宋朝陶毂《清异录》记载了一个制伞者的故事。江南人周则，年少时，家境贫寒。以制伞为业，后来发迹，在朝为官，联姻皇室。一次，李后主戏问起往事。周则曰："臣昔日急于米盐，日造二伞，货之以果腹，后稍得温饱。幸逢盛明，方舍旧业，始有今日富贵。"后主风趣地说：

制伞

"此非朕之力，卿乃得高密侯提携而起家也。明年，当封高密侯！"

这故事表明，五代时已有专门制伞的作坊，所制之伞，弓骨密集，所以后主才戏称之"高密侯"。"高密"二字正好与山东高密地名同音相谐。

当时的伞，有多高多密呢？

在北宋名画《清明上河图》上，桥上、街头画有阳伞甚多。其高在2米以上，弓骨多达32对，的确堪称"高密"。

综观之，开合伞，五代时已经成熟，宋代时，民间已广泛使用。近世，制伞质料改进，出现了折伞、自动伞、灯光伞等，溯其源，都是伞氏族中鼎新者一支。

伞与折扇，在中日文化交流史上占有一席之地。折扇于公元988年传入中国。帛缴传日比折扇传入中土为早，约于公元522年。但开合伞传日，比之为晚，约在宋元之际。当中国的文人学士赞咏日本折扇之时，日本的僧侣、武士中也正流行着中国的纸伞。

折叠伞的发明，在西方比东方晚。有资料称，公元12世纪，英语始有"伞"这个词，是指阳伞。1733年，巴黎方有人用油布制成雨伞。1874年才有了弧形钢质伞骨，伞方可收紧，成为绅士们使用的雨具，继而成为女性的装饰品。可是，这时我们中国仍用竹木制伞呢！

（郭伯南）

修伞

木屐

在当今世界上，大概只有日本堪称"木屐王国"。特别是日本女子，身着和服，足着木屐，走起路来，身略前倾，小步急趋，是那么文静、典雅，谦恭得体，别有一番风韵。在京都、奈良观光时，我就常常欣赏那种屐步风姿，细听那种有节奏的木屐声，颇感那是一种美的享受。这种遗风是日本文化的一大特色，其实中国古人也曾穿木屐，两者有何渊源呢？

男人和女人穿的木屐有什么不一样？

1986 年 5 月，我一到安徽省考古研究所，就有人告知，在马鞍山的三国时东吴大将朱然墓的随葬品中发现了一双髹漆木屐，并立即将当时还泡在所内文物修复室玻璃缸里的髹漆木屐取出，让我观赏。

这双 1700 年前的木屐，屐板前后都是圆头，中部略宽，近似于椭圆形，前端有一个系孔，后端有两个系孔，屐上的系襻已腐朽无存。屐板下有前后两个屐齿，前齿接近屐板顶端，后齿接近屐板后跟，因而两齿相距很宽。木屐长 20.7 厘米，中间最宽处 9.6 厘米，屐板厚 0.9 厘米。屐齿高 3.2 厘米，宽 2.6 厘米，齿高与屐板宽度相等。这木屐的屐板与齿不是分别制作后再结合在一起的，而是用一块整木雕成的。

在中国古籍中，多有木屐的记载，但古代木屐的发现，却是近几年的事。这双漆木屐的出土，实在是中国古代服饰考古中的一件大事！

看到这木屐的屐板前后都是圆头，令我想起一个有趣的故事来。

《晋书》记载："古代木屐头部的形制男女是有区别的。男子木屐是方头，寓意男子性格方刚，英勇不屈。女子木屐是圆头，取女子品性圆柔温顺之义。"又记载，西晋太康（280—290）初年，女子也丢掉圆头木屐，竞相穿起方头木屐来，大有与男人争个平起平坐的趋势，成为一代社会风气，引起统治者的惊讶。不久，晋武帝死去，晋惠帝成为那个男权为中心社会的最高统治者，可他却是个出了名的呆傻皇帝。他的皇后贾南风善于钻营，精于权诈，以种种手腕打败了政敌，操纵着皇帝和宫廷，大权独揽，成为八王之乱的罪魁祸首。因之，封建史家感叹道：牝鸡司晨不是偶然的，其祸端早在女人穿方头木屐时就显露出征兆了。

这当然是无知邪说。然而，它给人以启示：朱然墓中的漆屐为圆头，那显然不是大司马朱然的，当是朱然女眷的随葬品。

古人在不同的场合穿不一样的木屐？

中国木屐的形制很多，用途也多有不同，这主要表现在屐齿上。

相传，南朝萧梁的贵族子弟，多喜持麈尾，架长檐车，穿高齿屐，游游逛逛，无所事事。其木屐名曰"高齿"，

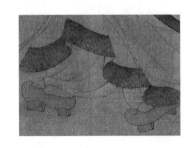

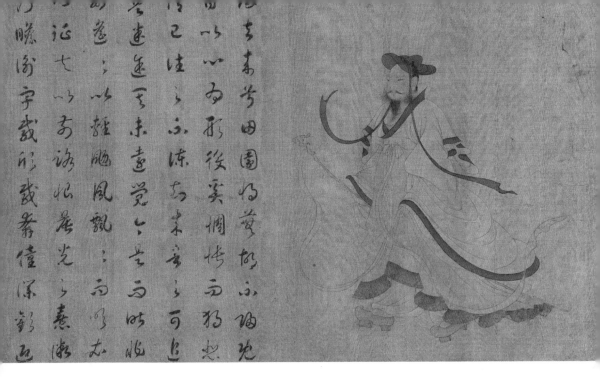

《归去来辞》
【南宋】佚名　绘
画中的陶渊明脚蹬木屐

　　究竟有多高呢？史缺有间，未见详载。但见日本镰仓时代名绘《扇面法华经册子》上画有一人在雨中撑伞穿一双高齿屐。另一名绘《明惠上人图》中也画有一双高齿屐，屐齿之高，可与屐宽相等，约略有10厘米，但不知萧梁贵胄是否也是穿的这种高齿屐？这种高齿屐虽不便于劳作，可是用之践泥践水是很好的，是一种很实用的雨鞋。

　　木屐也有用来登山的。唐代诗人李白有诗句曰："脚著谢公屐，身登青云梯。"谢公即南朝刘宋诗人谢灵运，性喜游历山川。相传他改造木屐，上山时去掉木屐前齿，下山时去掉木屐后齿，这样无论上山下山都如履平地，后人称这种登山屐为谢公屐。后世因登山时屐齿磨损厉害，就用金属予以加固，又名"金齿屐"。也有为了避免登山打滑，齿上加钉如爪的，故而名曰"金禽蹄屐"。相传古代交州有一女子占山为王，就常穿一双金禽蹄屐。这种"金禽蹄屐"，近年在江西南昌三国古墓中有两双出土。屐若鞋状，屐板下有前后两齿，前齿上有铁质钉足四枚，后齿上有三枚，其高为1.5厘米。这种"金禽蹄屐"应该说是一种特制的登山鞋了。

木屐也有用于战争的。三国时，魏蜀两军对峙于五丈原，即今陕西眉县西南斜谷口西侧。不久，蜀相诸葛亮病逝，魏将司马懿率兵追击。但那一带蒺藜很多，士兵叫苦不迭。于是，司马懿命三千士兵穿上去齿软底木屐，前行开路，步骑随后进发。如此说来，木屐又是一种特殊的军用鞋了。

木屐虽有种种形制和用途，但主要还是一种日常生活用的便履，类似今天的拖鞋。因此，木屐是不能登大雅之堂的。东晋时有位官员叫徐应桢，曾当过皇帝的侍从官。有次，他穿着木屐出入官府，监察官发现了就参了他一本。

朱然墓出土其女眷的木屐，正是日常生活所用的。汉代应劭《风俗通》中记载：汉人嫁女，在嫁奁之中，要有漆画屐，并以五彩丝为系。朱然女眷木屐，系虽已朽，髹漆犹存，屐板面上不见漆画，但见有密密麻麻的很多小坑坑，形若图案，显然，其上原是有镶嵌物的，可惜已经脱落。应该说，这是一双豪华的镶嵌漆屐。这漆屐是否是女子的陪嫁物呢？依当时风俗似应是肯定的。

去哪里寻找最古老的木屐？

三国木屐的出土，又令人想起西施与木屐的故事。至今在苏州灵岩山上有个遗址，相传吴王夫差曾为西施在那里建造了一座馆娃宫。馆娃宫中有一斜廊，是音乐与建筑相结合的艺术杰作，名叫"响屧廊"，也叫"鸣屐廊"。据说建廊时，先凿空廊下岩石，安放一排陶瓮，其上用富有弹性的梓木为板建廊。梓木是古人用以制作琴瑟等乐器的木料。廊建成后，西施穿着木屐常常在廊上走来走去，有节奏的屐声声响犹如悦耳动听的木琴曲，再配以身饰金玉的叮咚之声，使吴王听得如醉如痴呢！

这动人的千古传说，尽管早在隋唐时即已广为流传，不少诗人也留下了脍炙人口的诗句，可终究未必是可信的历史。但有一点似乎是毋庸置疑的，即在西施的时代，吴越地带就已穿木屐了。

与此相类似的另一传说，是木屐与孔子的故事。清人

《孔子圣迹图·在陈绝粮》【明】佚名 绘
鲁哀公六年（前489），楚国派人聘请孔子到楚国去。陈、蔡二国的大夫们担心楚国重用孔子会给陈、蔡带来危险，于是共同发兵将孔子师徒困在旷野里

王谟辑《论语隐义》说，孔夫子周游列国，到了蔡国，住在客舍，半夜里一只木屐被偷去了。那贼又去邻家偷东西，又把那只木屐丢在失主家。孔子是山东人，个子大，穿的木屐也大，长一尺四寸，合今约 27.9 厘米。大概这事给孔子一行招来了麻烦。孔子就是在这时被人围困，绝粮好几天，吃不上饭的。子路都生气了，孔子仍然弹琴唱诗，心情很平静。史书上只说陈蔡人围孔子是怕楚国聘用他，而未提及木屐事件。

但孔子的木屐却流传了下来。西晋时，作为国宝收藏在皇家武库里。就在前叙及那个贾南风把持皇权的时候，公元 295 年，武库失火，孔子的木屐、刘邦的斩蛇剑，还有被漆黑了的王莽的头骨，都化为灰烬了。

这里值得注意的是，木屐事件发生于蔡，即今安徽寿县，蔡在淮水流域，当时就受制于吴。根据当代学者研究，先秦时代，淮水流域及长江下游，南至南海，东南及于台湾，有着共同的文化，与中原、北方、齐鲁、楚、秦、巴蜀滇六个文化圈相并存，可称之为"吴楚文化圈"。西施与孔子关于木屐的故事，都发生在这个文化圈里。

西施和孔子以前，中原有木屐吗？也有的。南朝刘敬叔《异苑》载：春秋时，晋文公当上国君后，为报答多年前介子推的救命之恩，到处寻找介子推。介子推却避于绵山不出，晋文公用放火烧山的方法想逼出介子推，不料介子推最后抱木被烧死。晋文公悲伤地把这段木头伐下来以制屐，穿在脚上，每俯视双屐，则拍膝悲呼："足下！足下！"据说"足下"这一敬辞，即因于此，并由之衍演出"陛下""殿下""阁下"等敬辞。晋文公（前 697—前

《五百罗汉图》（局部）
【南宋】周季常 林庭珪 绘
左下方的罗汉穿着木屐

628）的年代，比孔夫子（前551—前479）早百余年呢！

比这更古老的木屐有没有？这在中国典籍中未见记载。宋代郭若虚在《图画见闻志》曾指出："三代（夏商周）以后，始服木屐。"证之于古文字，在商周甲骨文、金文中迄今尚未发现"屐"字。此说有无道理不得而知。

为什么三代以后始服木屐呢？我认为，木屐的创制当在温暖多雨的南方，最早可能始于吴越。在商周以后，即春秋后期，吴越才先后崛起于东南，争霸于中原，与各诸侯国礼聘、会盟，频繁交往，往日局促于东南一隅的吴越文化才可能逐渐向中原及其他地域传播开来。

在古代，各民族的、地域性的文化的交融是相当缓慢的。东汉时，长江流域贫家嫁女也少不了梳裳、木屐。但在黄河流域的京都洛阳，只有长者才着木屐，史籍对此还特别加以记载。南北朝时，南朝穿木屐十分流行，而在北朝穿着者较少，甚至看作新鲜事。直到唐代，也大致如此。这或许同地理位置与气候有关。五代、两宋以降，女子缠足之风日兴，着木屐者也就日少了。男子着屐，宋元时仍不少，至明清也渐衰了。现代以新材料制成的雨鞋、凉鞋、拖鞋勃兴，木屐更日益少见。

木屐与吴越文化的关系，诗人李白就曾唱道："吴风谢安屐，白足傲履袜。"明确说赤足着屐是吴人风俗。

在晋代文献上曾记有一位木屐收藏家，说他收藏的用白荆木制作的木屐有"六七十两"。初看至此，颇以为怪：怎么木屐还论斤两呢？又见南宋时的诗句有："好山能费几两屐，胜日须倾三百杯。"也颇疑"两"字有误，显然，其量词应当说"双"，不当说"两"。可是，古人从晋代到南宋，为什么谈及木屐时使用量词都说"两"，而不说"双"呢？后来，我这个北方人去上海，向上海人问路，牌上明明写着"瑞金二路"，当地人却都说是"瑞金两路"。这使我顿然醒悟，原来称双为两、读二为两，是吴语的特点。由此，是否也可探索到木屐与吴越文化的一点关系呢？

朱然墓发现于南京市西南约80千米，位于长江江畔的马鞍山市，这就为木屐源于吴越文化圈观点，从考古学的角度增添了一个佐证，有利于对木屐源流这一文化之谜的研究。

另外，木屐是否最先是在朱然那个时代，是否随着孙权下令组织的20000多人的东吴海上船队传播到日本列岛的呢？这还有待专家去考证，在此难言其详了。但是，令人注目的是，日本的弥生时代有一种木跂，状若一双圆口浅帮布鞋，是用整块木头挖成的。无独有偶，形制相同的木跂，在中国江西南昌、湖北鄂城的三国古墓中接连出土。中日两国有大海相隔，何以竟能出土时代相同、制作工艺也相同的木跂呢？岂不发人深思！

综观之，木屐文化，并非大和民族所独有，也不是中国吴越以及南方文化所特有，乃至不只亚洲所特有，欧洲的荷兰也是个木屐王国，非洲的木屐也是享誉世界的。

木屐的历史远比有文献记载的时代古老得多。考古在发现汉魏的木屐后，1989年又发现5300多年前的木屐，因是在浙江省钱塘江畔慈湖良渚文化遗址发现的，故称之为"慈湖木屐"，两只木屐，出土时一只已腐烂，另一只比较完整。屐板上有五个穿孔，是系襻用的，屐板下没有屐齿，前后各有一条沟槽，是用以掩蔽系襻，减少磨损的。显然，这不是最原始的，最原始的木屐应当比这还要古老。究竟老到何时，今天还不得而知，只有待于考古的更新发现来解开这一历史之谜了。

慈湖木屐

慈湖木屐，虽还不是最原始的，却堪称世界第一古屐，也是中国乃至世界现存最早的鞋。

（郭净）

胭脂，自古以来在东方就是女性美的一种
象征。今日，这种有功于人类生活美的化妆品，
几乎家家必备。然而，欲话其源，却又感到有
些陌生了。人或曰小说《红楼梦》中的"宝
玉就喜欢偷吃女孩儿的胭脂"；或言唐诗有句
"三千宫女胭脂面"；或言"南京玄武湖畔有井
名胭脂井，是六朝古迹"；等等。似知非知，起
源问题仍是个文化之谜。

古人有哪些胭脂妆?

当代化妆品以成"系列"最流行。古时则概曰之"脂
泽粉黛"，简称"脂粉"。脂，主要是指胭脂，用以点唇饰
颊；泽，又称香泽，用以润发；粉，为铅粉制品，用以傅面；
黛，即青黑色颜料，用以画眉。请看，也是成"系列"的。
在这一"系列"中，以胭脂为首，品类最多，诸如胭脂饼、
胭脂粉、胭脂膏、胭脂纸、胭脂绵等。具体又有各种名目。
诸如石榴娇、大红春、小红春、淡心红、万金红、圣檀心、
露珠儿、洛儿殷、小朱龙、媚花奴等。这么多品类，浓淡
有差，各有其用。有的用之于化妆，有的用之于绘画，有
的用作食品着色剂，还有的用以染纸制笺。著名的薛涛笺，
为深红小笺，"盖以胭脂色"故也。

胭脂的主要用途还是化妆。胭脂妆法，约略有五：一曰霞妆，即涂红脸蛋；二曰星靥，即在酒窝处点红点；三曰花钿，即在额前贴或描上花饰；四曰点唇，即涂红嘴唇；五曰斜红，即在面颊两侧，各抹一月牙形红线，或画为菱纹，或涂作柔美的花纹。这几种妆法都用胭脂，却各有来历。

霞妆，也叫晓霞妆。相传始于曹魏宫女夜来。元人伊世珍所著《琅嬛记》载："夜来初入魏宫，一夕，文帝在灯下咏，以水晶七尺屏风障之。夜来至，不觉，面触屏上，伤处如晓霞将散。自是宫人俱用胭脂仿画，名曰晓霞妆。"晓霞，当为艳红。后至五代，用色尚淡，又名"桃花妆"。

星靥，也称妆靥。相传始于东吴孙和之邓夫人。晋王嘉《拾遗记》载：孙权之子孙和宠爱邓夫人，常置之膝上，一夜，和于月下醉舞水晶如意，误伤夫人颊，血流污袴。医言得白獭髓，杂以玉屑、琥珀合膏，痕可灭。和以百金购白獭髓，及合膏，因用琥珀太多，伤合而痕迹不灭，有赤点如朱。逼而视之，更益其妍。后宫人竞效，以脂点颊，遂成风俗。唐代妆靥之风流行。有诗句曰"杏小双圆靥"，指明当时之星靥，其形为圆，其大若小杏，其数为双，其色为杏红。

花钿，也叫花子。最简单的花钿就是一个小圆点，但创意无穷的古代女子会用各种你意想不到的材料，如纸、金箔片、鱼鳃骨、茶油花饼等材料剪成各种花鸟虫鱼的形状，其中以梅花最为普遍，用一种哈口气即发黏的胶水（相传由鱼鳔制成）粘贴在额前眉间。相传，在南北朝时，刘裕的女儿寿阳公主有一日在午睡时，一片梅花落在她的额

南宋戗金仕女图莲瓣形朱漆奁
古代女子盛放脂粉的梳妆盒

头正中，变成了一抹亮丽的点缀。后来怎么都洗不掉，渐渐成为她面容的一部分。寿阳公主本就生得十分貌美，在那梅花的点缀下，更加美得不可方物了。宫女们于是纷纷效仿，用朱笔在额中绘上梅花，或者用纸剪贴梅花贴在额头，成了最初的梅花妆。五代诗人牛峤就描写过这个典故："晓啼珠露浑无力，绣簌罗襦不著行。若缀寿阳公主额，六宫争肯学梅妆。"

点唇，因所涂胭脂浓淡不同，又有点绛唇、点樱桃、

《贵妃晓妆》

【明】仇英 绘

描绘了唐朝杨贵妃清晨梳妆打扮的情景

点檀唇等名目。绛是紫红色，樱桃是鲜红色，檀即浅红色。

点绛唇，在古典文学中是词牌名，历代多有佳作。然而，其内容已与点唇无关。但若考此词牌名称之始，又与点唇有关呢！典出南朝梁诗人江淹的《美人春游诗》，其中有句曰："白雪凝琼貌，明珠点绛唇。"诗句形容春游美女，肌肤若白雪美玉，明亮的大眼睛与紫红色的香唇相映衬，格外妩媚动人。

点樱桃，约始于唐，也就是点唇不尚紫红，而尚鲜红。白居易有诗赞其女伎曰："樱桃樊素口，杨柳小蛮腰。"小蛮为舞伎，故赞其腰肢绵软灵活犹若迎风杨柳。樊素乃歌伎，故赞其口，小巧圆润，若樱桃之形，艳艳动人，若樱桃之色。或许从白居易作始，后世文学作品凡描写女子之美貌，总是说"樱桃小嘴"。元文学家萨都剌就有句诗曰"如花人，樱桃唇"。

点檀唇，唐宋时，妇女点唇流行用浅红色。敦煌曲《柳青娘》有词曰："故着胭脂轻轻染，淡施檀色注歌唇。"

宋秦少游《南歌子》也有词曰："揉蓝衫子杏黄裙，独倚玉阑，无语点檀唇。"

词中所写女子，着浅蓝衫，杏黄裙，点唇也当以浅红色为宜了。

谈及点唇，就不能不提及西安出土的一个点唇三彩俑。那女俑高髻、短衫绿裙，正倚坐一个藤墩上，左手持镜照面，右手伸出食指点唇，神态安然，落落大方。这位唐代女子，似为一歌伎，其所用胭脂是紫红色的洛儿殷呢，还是浅红色的圣檀心呢？或许是鲜艳的樱桃红吧！

依上述传说，晓霞、星靥、花钿，好像都是从三国以后才有的。其实不然。以朱饰面，先秦已有。楚文学家宋玉赞其东邻女子之美，则曰"著粉太白，施朱太赤"。显然，战国已有用红色颜料化妆的习尚，虽无"晓霞"之名，早有"晓霞"之实，其始不待夜来伤面。同样，星靥也不自东吴邓夫人始。东汉刘熙著《释名·释首饰》已然记载，天子诸侯妃妾甚多，依次进御。若有月经，或已进御，则以丹注面，灼然为识。女史见之，则不再书其名以进幸了。其名曰"旳"，今皆以"的"代之，且约定俗成了。秦始皇追寻长生，喜好求仙访道，于是让宫中女子梳仙髻，贴"五色花子"。这花子，就是花钿。再说，点唇也不自南朝始。汉已有唇脂，且有以贩胭脂而成巨富者。先秦楚墓出土之木俑甚多，以朱点唇者已屡见不鲜。

斜红，南朝梁代已见记载。有诗句曰："分妆开浅靥，绕脸傅斜红。"唐诗有句曰："一抹浓红傍脸斜。"从考古发现与文献记载看，这种胭脂妆多施之于歌伎、舞女，以及木偶头像上，或许这是古代歌舞艺伎独有的化妆法。

顺便补充一下，"脂泽粉黛"一词，最早见诸《韩非子·显学篇》。可见，2200多年以前就有"系列"化妆品了。

古代的胭脂怎么制作？

胭脂，是用什么原料，怎样制作的？古今中外有何异同？这当也是雅好胭脂者所关心的。

先让我们从慈禧的胭脂说起吧！

清末操纵皇权数十年的慈禧太后，也是一代风流女子，她对胭脂的关心似乎比关心国事还重。她用的胭脂，是亲自监制的。通常制胭脂，多用红蓝花（红花）、紫茉莉（又名胭脂花），或用榴花、紫苏，或用苏木浸汁。慈禧不用这些，而用蓓蕾初放的玫瑰花瓣，每一瓣都要选色泽纯正、浓淡相宜的，令宫人趁清晨初放时戴着露珠儿采摘，集于石臼，舂制成浆，再以多层纱布过滤，制出纯净玫瑰花汁。然后，再将大小恰与胭脂缸口径相宜的、压制成月饼形的新丝絮浸入汁中，五六天后取出，置于通风的阴处晾干。就制成了胭脂绵。用时，浸以温水，轻擦掌心，再搽于两颊。这种胭脂，红色鲜嫩，芳香袭人，非一般市井胭脂可比。

古代如何制作胭脂？目前仅知，安徽省寿县东汉古墓所出之胭脂，是粉状的，或可称之为胭脂粉。晋人张华的《博物志》记有"作燕支法"："取蓝蕳（古'花'字）捣以水，洮去黄汁，作十饼如手掌，着湿草卧一宿，便阴干。欲用燕支，以水浸之，三四日，以水洮黄赤汁，尽得赤汁而止也。"

可见，当时制胭脂，用的是"蓝蕳"，即红蓝花，今名红花。制作时是

《妆靓仕女图》【宋】苏汉臣 绘

不过滤的，也不用绵，更不用纸，是连同花瓣残渣团之为饼以备用。这与后来乡间用凤仙花捣为泥，堆于指盖上染指甲的方法颇类似。

中国古代胭脂，制法虽有所不同，但都采取富含红色素的植物作为原料，色鲜味芳。可以说这是东方胭脂的一大特色。这与西方胭脂是有所不同的。

胭脂在西方，历史也很古老。

在美洲，欧洲人还没有踏上这块新大陆之前，当地居民就已长期使用胭脂了。后来，胭脂才随同印第安人的黄金，以及玉米、西红柿、烟叶等，一起横渡大西洋。

美洲的胭脂，是用一种胭脂虫的躯体制成的。这种小虫的雌性体内含有多量的牙烂米酸，呈鲜红色。这种小虫，寄生于仙人掌上，一年可捕获两次。捕获时，小心地用刷子将其从仙人掌上刷入布袋中，加热杀死，烘干，粉碎，即成。据说制得一磅胭脂，大约要用 7 万个胭脂虫。

非洲的古埃及，也有一种颜料，名为"胭脂红"，也是用一种介壳虫躯体制成的。这种颜料，曾作为向征服者罗马军队进贡的贡品。

现代胭脂，无论东西方，其着色剂几乎全部被苯胺染料所取代，名、实、功、质皆大同小异了。

胭脂起源于匈奴？

胭脂在中国，先秦已有，若深究其源，又有两说。

一为胭脂起源于匈奴说。

自来持此说者，都是根据《西河旧事》等书之记载。据说，匈奴在汉武帝时，失去祁连、焉支二山之后，曾凄凉地唱出一首悲歌："亡我祁连山，使我六畜不蕃息。失我焉支山，使我妇女无颜色。"

焉支，又作燕支，其山遍生燕支花，即红花。匈奴妇女，采其花，榨其汁，凝为脂，以为饰。因之，匈奴语称妻子曰："阏氏"，也就是燕支，意思是他们的妻子可爱得就像红花。后来，燕支才写作燕脂、胭脂等。

二为胭脂始于商纣说。

五代马缟《中华古今注》记载：胭脂，盖起自纣，以红蓝花汁凝为脂，为燕国所产，故曰燕脂。

这两种说法，根据现代考古的发现，都是难以成立的。

我们已经知道，中国颜料史的第一章，是 18000 年前的山顶洞人用赭石粉写下的，也是他们开创了涂朱之俗，相沿甚久，至今中国的紫城红墙还是颇有些神秘性的！

我们也知道，中国髹漆史的第一章记载的是朱红漆。那是 7000 年前河姆渡人用氧化铁写下的。

在如此古老的年代，原始人已知用红色矿物颜料作为调色剂，难道先

《孟蜀宫妓图》【明】唐寅 绘

在唐末五代时，出现了三白妆——将额头、鼻子、下巴涂成白色，并在耳朵下方涂白，与脸部的三白呼应，以增强面部的立体感，类似于今天提亮的作用。可见各个时代的妆容与当时的审美息息相关

莲花冠子道人衣 日侍君王宴
紫微花柳不知人已去年开绿
与李绯

蜀后主每花宫中暴小巾命宫妓
衣道衣冠莲花冠日寻花柳以
侍酣宴蜀之谣已溢耳矣而主之
不挹注之竟至滥觞俟后想挽
头之令不兴挹脉 唐寅

民却不知使用那最引人注目的植物花朵作为染料吗？在南美亚马孙原始森林里过着与世隔绝生活的印第安土著，其中波图鲁部族的妇女即从一种特殊的植物中提取特殊的颜料，将全身涂成红色；亚诺马尼部族的女性则从水果中得到红色颜料，作为面部使用的化妆品。在中国，植物染料，何待至商纣之时方见，何只有匈奴妇女方识？应当说，植物性的染料最易发现，也当是最早被使用的。只不过年代久远，难以保存，今日已难考见罢了。

牛梁河女神头像

难于考见，也并非不能考见。现已发现一件颇有说服力的出土物证，即辽西牛河梁神女庙遗址出土的泥塑神女头像，"面涂红彩"，"唇部涂朱"，"出土时颜色呈鲜红色"。

不难想象，倘若先民妇女自己尚不知涂红施朱，那么，也就不会去为神女塑像搽胭脂、抹口红吧！神女像上所施朱红是何种物质，是矿物质的，还是植物质的，目前尚未作出科学鉴定。但知神女像之颜色出土后迅速消失，现已不甚明显。依此判断，用植物性染料的可能性更大。无论结论如何，这神女头像已确然向世界宣告，东方女性涂口红、搽胭脂，至少已有 5000 多年历史。

（郭伯南）

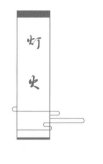

古代文人有不少描写灯火的诗句:"去年元夜时,花市灯如昼。""醉里挑灯看剑,梦回吹角连营。""有约不来过夜半,闲敲棋子落灯花。"灯火是光明的象征,更是古代人民生活的历史缩影。

最古老的烛是什么样的?

欲说蜡烛,还得先说说"烛"。

最古老的烛,未必用蜡,而是用松、竹、麻、苇等制成的火把。商甲骨文中与火有关的字,有100多个。其中有的字,像人手持一木,木上有些小点,这可能是指小火把,那些小点是火星的象形。也有的像一个人跪坐双手持一火炬,炬上焰火腾腾。已故学者王献唐先生在《古文字中所见之火炬》一书中,释其字为"烛"。甚是。

考古发现得最古老的"烛"有两种,即松明与竹签。

1988年在宁夏海原县菜园发现了八座古老的窑洞,其中两孔窑的洞壁上,有许多插孔,插孔的上方留有火苗状的烧痕,呈青灰色。从插孔中残留有松木皮痕迹看,这些壁孔原是插火烛的。若在插孔的半数中点上松明,窑内可有40瓦电灯的亮度。松明火烛,或许已有几十万年历史了。有确证可考的这些遗迹,距今至少也有4100多年,其时

勾连云纹玉灯

代略相当古史传说中的尧舜时代。

说到这里，不禁令人想起古代的一个传说：舜有两个女儿，生有灵光，可照方圆百里，由是一个名叫"宵明"，一个叫"烛光"。（《山海经》）有人称宁夏古窑洞的松明火烛为"灯烛之祖"。那么，"烛光""宵明"也就应被尊为中国的"烛火女神"了。

1989 年，在江西省瑞昌发现一处古老的铜矿遗址出土的许多采矿遗物中，即有用以照明的竹签，签上还有点燃过的炭痕。它的年龄比商甲骨文还古老。甲骨文的"烛"字，从"木"，不从"竹"。可这里发现的却是一种"竹烛"。

松明、竹签，都是火烛的雏形。火烛，除这种简便的形制以外，还有大型的、制作精工的，那是王室用的"庭燎"。《诗经》中就有《庭燎》之诗，有句曰："其夜未央，庭燎之光。"这是赞美周宣王勤于政务，天未亮，就点起庭燎上早朝的诗句。

"庭燎"是怎么制作的？一般是以松、竹、苇子或麻秆为芯，以布索捆扎成束，其中灌以脂膏，以利燃烧。先秦尚不知用植物种子榨油，广泛使用的是动物油。有角动物的称"脂"，如牛脂、羊脂；无角动物的称"膏"，如猪膏、鱼膏。秦始皇陵的长明灯，用娃娃鱼油，故称人鱼膏。从古代记载看，还有用桦树皮裹以松脂的。

"烛"，在等级森严的时代，也成为等级制的体现物。这主要表现在制烛时每烛用料的多少上。礼制规定："天子用百（比如苇百根），公用五十，侯伯子男用三十。"这样，烛的粗细大小就各有不同了。春秋时，一代霸主齐桓公，制烛用百，被认为是一种僭越行为，史家特书之于简册呢！

秦汉以降，权势者制烛就更加随心所欲，无所规制。晋代后赵君主石虎，曾造高 10 丈的庭燎，约合今制 24 米。五代时，吴国君主杨渥，为夜打马球，"造十围之烛，一烛费钱数万"。这话若未夸张，那么，该烛的直径至少在5 米以上，其高可想！后有造橡烛、千斤烛者，比之石虎、杨渥，可谓小巫

《燃灯佛授记释迦文图卷》【宋】佚名 绘
古人燃灯，也不忘记载燃灯佛的故事。相传燃灯佛出生时周边一切光明如灯，故称为燃灯佛。该图所绘，便是燃灯佛为释迦牟尼的前世善慧童子授记，来世做佛的场景

见大巫了。

古代的蜡绝不仅仅用于照明？

欲说蜡烛，谈了"烛"，再说说"蜡"。

蜡有黄蜡、白蜡，以及近代方传入的石蜡。中国古代主要用的是黄蜡，即蜂蜡。

蜂蜡，同养蜂有关。早在东汉时，中国就出现了养蜂专家。其人姓姜，名岐，字子平。汉阳上邽（今甘肃天水）人。据《高士传》记载：与姜岐一

起养蜂的有 300 余人，而受其"教授者满于天下"。仅此一例，不难想见当时的养蜂规模。

同养蜂规模相适应，蜡的利用在汉及以后，则相当广泛了。比如民间印染工艺"蜡染"，汉代已肇其端。西晋时，在饥荒之年，有以食蜡充饥的辟谷法，"食蜡半斤，十日不饥"，"百日不食，容体自若者"。晋时，有蜡尸之法。权臣王敦死，为秘不发丧，将其埋于室内。为免腐臭，以席裹尸，涂之以蜡。甚至，还有的以奢侈为荣，竟以蜡为燃料烧饭呢！

其实，蜜与蜡的使用，是早在人工养蜂之前出现的。屈原《招魂》曰："粔籹蜜饵。"粔籹，即今馓子。蜜饵，即蜂蜜加面制成的糕饼。

早在先秦，蜡在青铜铸造业中即已派上了大用场。

20 世纪 70 年代，在湖北随县发现有战国初年铸造的尊、盘、冰鉴等，而在河南淅川发现有春秋中期的铜禁，件件玲珑剔透，犹如牙雕一般，令人叹绝。据冶铸专家考证，它们都是用失蜡法铸造的。即以蜡雕成器物模型，放于容器中，灌以澄沙。待阴干之后，以火烤模，蜡即溶化流出，趁热灌浇铜汁，冷却后，剔去澄沙即成。其中，尊、盘铸于公元前 433 年以前；铜禁，铸于公元前 552 年以前。可知，中国以蜂蜡用于铸造，至少有史 2500 多年了。

这样说，或许有人以为这只是推理，最多也只能算旁证，若能得到先秦有蜡的确证，才更令人信而不疑。

有趣的是，与那尊、盘同出的有大批乐器。音乐考古学家黄翔鹏教授在研究其中的笙时，发现在笙簧片上有一滴 2400 年前的蜡泪。笙制成后要调音，笙的簧片不便削

战国曾侯乙墓青铜尊盘
由失蜡法铸造，镂空纹饰复杂精美

· 060 ·

来刮去，就在上边滴上蜡，用修削蜡滴的方法来调笙律。直到现代，制笙调律仍用这种方法。

这小小一滴蜡泪，足证先秦已广泛应用蜂蜡。

那么，蜡究竟何时方被认识和使用的呢？

明人黄一正著《事物绀珠》一书说："刘安作白蜡。"

白蜡，是白蜡虫的分泌物。在福建武夷山就发现有高产的白蜡虫。古代对白蜡的利用较黄蜡为晚。但也不像《本草纲目》记载的，说虫白蜡始于元代，距今只有 700 年历史。当代学者邹树文考证，中国早在汉魏时，已利用白蜡，论之有据，是可信的。白蜡，当然也不可能是什么西汉淮南王刘安发明的。可若说刘安时代已有白蜡，则与事实相近了。

黄蜡，也不可能是周人的先祖公刘首制的。但公刘所处的商代已有黄蜡，则不应有疑问。古人早知道将蜂的巢脾放在锅内煮，一煮则蜜出而蜡浮。也有的将巢脾用布包起挤压，一挤，蜜即流出，蜡留布内。这已为民俗学所佐证。

其实，早在人类的童年，猿人即已知咀嚼巢脾，吸其蜜，吐其渣，即蜡等。至今，猩猩还喜食蜂房呢！

如是说来，人类知道蜂蜡，同人类史一样古老，有几百万年了。可是，利用蜂蜡制器、调律，却只有两千几百年。

古人如何制作使用蜡烛？

谈到蜡烛，人们会想到唐诗中的一些名句："春蚕到死丝方尽，蜡炬成灰泪始干"（李商隐《无题》）；"蜡烛有心还惜别，替人垂泪到天明"（杜牧《赠别》）。

因为这些诗句广为流传，不少人以为"蜡烛，唐代始用"（《农业考古》1988 年 1 期）。这是一种误解，唐代不但有蜡烛，而且已是使用蜡烛的盛世，这在后面再谈及。从前述古人制烛、用蜡的古老历史来看，怎么也不能说

《乞巧图》（局部）

【明】仇英 绘

七夕时，在烛火通明的庭院里，女子们乞巧，有的捧酒，有的合掌祈祷，乞巧桌上设有一对蜡烛、香炉和水果

中国蜡烛有史只有 1200 年。

早在北魏贾思勰《齐民要术》一书中，就记有制蜡烛法。其法，以蒲槌为烛芯，缠以布，涂以牛羊脂，再在其外涂以蜂蜡。蜂蜡比牛羊脂的熔点高些，用蜡将牛羊脂裹起，可少流蜡泪，成本也低得多。但因不全用蜡做烛，时人也谓之"假蜡烛"。这一古法，相沿 1400 余年。近代石蜡传入中国以后，民间仍以此法制蜡。

"蜡烛"一词，始见于《世说新语》。该书为南朝刘宋人刘义庆撰。比之更早的记载有没有？《西京杂记》载："闽越王献高帝石蜜五斛，蜜烛二百枚。"高帝，即汉高祖刘邦。闽越王，指南越王赵佗。石蜜，即冰糖。"蜜烛"是什么？清人郝懿行撰《晋宋书故》曰："古人谓蜂蜡为蜜烛。"可知，蜜烛，即黄蜡制成的蜡烛。

这条材料很重要，它是已知文献中有关蜡烛的最早记述。以前不少学者也注意到了，可他们却以"杂记之言，本非可据"，给否定了。

考古的新发现证实，汉代确有蜡烛，长沙马王堆汉墓出土铜灯的灯盏中还都残留蜡泪。更早些，在汉代古墓发现有黄蜡饼，显然，那时以蜡代脂的灯烛并非个别了。

特别值得一说的是，1983 年，在广州发现南越王二世的陵墓，墓主为南越王赵佗之孙。墓中出土有龙形灯、鸟形灯、兽面形灯多具。这些"灯"都没有盛放脂膏的灯盘，只有筒状烛插，烛灯灯体的大小不一，出入甚大，可烛插却大体是 4~5 厘米高，顶部直径 1 厘米左右。显然这是古代的烛台。古代灯、烛往往不分，当然称灯台也是可以的。这些烛台表明南越王的宫廷中是用蜡烛的。那么，赵佗向高帝献蜜烛的记载，虽出于"杂记之言"，却是不容忽视的。

南越的蜜烛是怎样的呢？从这批灯具的烛插的粗细长短一致来看，当时蜜烛的制作是有一致规格的。从烛插呈筒形看，其烛下当有较为坚挺的"跋"，即把。从只有烛插而无承泪的烛盘看，其蜡质纯，少有蜡泪。蜜烛大概不像后世以脂为肌、以蜡为肤的假蜡烛那么爱为他人"垂泪"吧！

在大约 2200 年前制成如此精致的蜡烛，在其先，制蜡当有相当古老的历史。前已述及，早在春秋战国之时，古人已用蜡雕制青铜器模型，并用以点簧调律。即古人早已熟知蜂蜡的可塑性和可熔性，那么难道先秦人竟从未发现蜂蜡的可燃性，以及燃烧时光的明净吗？论理，古人当知，必知。可是，从文献到实物，却不见踪影。

西汉长信宫灯
设计巧妙，宫女一手执灯，另一手像在挡风，实为烟道，用以吸收油烟。灯罩可以左右开合，调节光线强弱和方向

《庭院婴戏图卷》【清】佚名 绘
画面表现了在庭院过元宵节的场景，灯火辉煌，灯具精美

　　明代人罗顾著《物原》曰："成汤作蜡烛。"如果是，中国的蜡业当奉成汤为祖师，中国的蜡烛史也可以推移到距今 3600 年前了。然而，作者录事，行文，皆不注出处，这就难以令人信而无疑了。

　　可是，细思之，也未必尽妄，或许也有其"合理的内核"。古代制作庭燎，即有灌注蜜蜡的。贾公彦《周礼注疏》说，制火烛，"即以苇为中心，以布缠之，饴蜜灌之，若今蜡烛"。

　　这种古风，今日在云南彝族、白族、纳西族、拉祜族、傈僳族中仍有余韵。这些民族，年年六月要过火把节，祈求丰收。他们以竹、木扎制火把，中间夹放松明，即富含松脂的松木，以便易燃。同时，有的地方不仅制松明火把，还制蜂蜡火把。点燃后，走在街头田间，蜡泪滴得越多越好，以象征谷穗颗粒饱满，预兆丰收。

世间任何事物的发展，莫不是从小到大，从简到繁，有着初萌、发展、成熟、鼎盛、衰败、灭亡的各个阶段。蜡烛虽小，其规律亦如此。依此看来，上述蜂蜡火把，以及古代的灌蜜庭燎，可谓是蜡烛的原始形态。先秦脂烛已盛行，却未见蜡烛。可能当时黄蜡还是较为贵重的，未广泛用于制烛。大约在秦汉之际，蜡烛首先在南国兴起。东汉以后，方逐渐普及开来。唐代，则是蜡烛的盛世。这时，不但有会奏乐的"仙人烛"，还有郁烈之气可闻百步的"异香烛"。这种异香烛，有加麝香的，也有加沉香、龙涎香制成的。龙涎，是抹香鲸病胃中的一种分泌物，其味奇香，为珍贵香料。此外，还有忽明忽暗的魔烛，亦称"戏烛"。花样翻新，不一而足，难以详论。

最后，补充说明一点，即西方蜡烛有史5000年的结论，那是根据在埃及和希腊克里特岛所发现的烛台作出的。当

时点燃的究竟为蜡烛，还是脂烛，仍有待进一步考证。但知，迟到中世纪，当东方宫廷燃起"音乐蜡烛""龙涎香烛"之时，欧洲用于照明的所谓蜡烛，仍为脂烛，即牛油蜡烛。

没油没电，走马灯怎么转起来？

儿时，在乡间过正月十五，户户结彩，家家张灯，十里八乡一眼望去，犹如地上星空，美极了。男男女女，放灯赏灯，欢声笑语，热闹非常。可是，我们孩子们却被那千姿百态的走马灯吸引住了，如醉如痴。

这小小走马灯，虽是玩物，可却体现了古代东方人独特的智慧，受到世界有识之士的赞叹。

关于走马灯的起源，在英国曾有一种说法，说它是在1836年由迈克尔·法拉第发明的。这显然不对。约翰·巴特早在1634年著的《自然和艺术的奥秘》一书中，即对中国的走马灯做过描述，比法拉第早约200年呢！

走马灯究竟始于何时？这问题非但异国学人说不清，即使在中国也众说纷纭，莫衷一是。

谈到这里，不能不提及一个有趣的民间故事。

相传，北宋名相王安石约21岁时，正逢大比之年，赴京赶考，路经马家镇，见一大户门前高悬一走马灯，上书半联："走马灯，灯走马，灯息马停步。"旁有告示，晓示人等，有对得上下半联者，马家千金小姐愿以之为东床佳婿。王安石看后连称好联，但因赶考心切，只好匆匆赶路。

他来到京城，在考场上交了头卷。主考官欲再试其才思，令其联对，遂指厅前飞虎旗口占一联："飞虎旗，旗飞虎，旗卷虎身藏。"王安石不假思索，随口对曰："走马灯，灯走马，灯息马停步。"主考官拍案称绝，大为赞赏。

王安石高榜得中，返乡时又路经马家镇，想到那一联之功，就特地去拜见马员外。员外见其为新科才子，遂提及那走马灯联，王安石又随口以"飞虎旗"句对。员外大喜过望，遂嫁女完婚。

《观灯图》【南宋】李嵩 绘

画家绘出了元宵节期间的花灯：画面背景是三盏用灯棚悬挂的大灯，两名童子一提兔儿灯，一提瓜形灯，旁边的桌子上还放着一只走马灯

王安石一联得双喜，遂顺手写下了一个大双"喜"字贴在门上，并题词曰："巧对联成双喜歌，马灯飞虎结丝罗。"

据说后来中国人结婚都要贴大红的"囍"字，就是从此开始的。

假若这个故事可信，那么，走马灯在北宋时即已广为人知。以王安石21岁计，那是庆历元年，即公元1041年，也就是说，走马灯至少已有上千年历史。

喜字碗

然而，这毕竟是民间故事，不足凭信。科学史研究者大都依据文学家范成大的诗文记载，认为南宋时才有走马灯。

范成大的记载录于《石湖居士诗集》。石湖居士是范成大的号。诗集中有一首记叙苏州正月十五上元节灯会的诗，名"上元纪吴中节物俳体诗"。诗中描绘了千姿百态的灯，诸如飘升天空的孔明灯，在地上滚动的大滚灯，以及"转影骑纵横"的走马灯等。当时似尚无"走马灯"之名，诗人自注称为"马骑灯"。

"马骑灯"是中国古籍有关走马灯的最早记载。诗人所记为南宋淳熙十一年（1184）的事。

这一结论是有确切根据的，似乎是无可争辩的。然而，中国科学史家的这一定论，却被一位波斯诗人推翻了。

《明宪宗元宵行乐图》（局部）

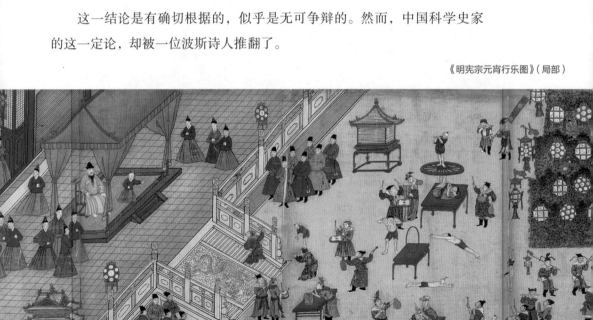

欧玛尔·哈亚姆写下了一首哲理诗，认为人生在世，如同走马灯，你上场来他下场。这首诗于 1857 年为英人爱德华·费茨吉拉德译成了英文，从而名扬世界。中国文豪郭沫若先生曾将此诗依英文译成中文："我们是活动的幻影之群，绕着这走马灯儿来去，在一个夜半深更，点燃在魔术师的手里。"

后来，学者张晖先生又依波斯原文译出："我举目仰望广阔恢宏的天穹，把它想象为巨型的走马灯，太阳好像烛焰，世界恰似灯笼。我们则犹如来回游动的图形。"

"走马灯"一词，若依波斯文直译，应为"畅想之灯"，或"转动之灯"。然而，波斯学者也断然认为，这词所指即中国的走马灯。穆罕默德·马赫迪·福拉德万德博士在《论哈亚姆》一书中指出："这种灯，在哈亚姆之前，系由中国传入。"他在书中还依中国的发音写出了拼音，依中文写出了"走马灯"几个字，以示确凿无疑。

哈亚姆是在王安石 20 岁那年出生的，即公元 1040 年，逝世于 1123 年。因之可以判定，早在王安石所在的北宋时代，中国不但已有走马灯，而且已传入波斯。如此说来，王安石的民间故事虽不尽然可信，可在王安石时代走马灯已问世，当是可信的。

走马灯有两大特点：一是利用热气流做动力；一是以涡轮装置带动灯上画面转动。若依此两点溯源，它在那波斯诗人提到它以前，至少已有 1300 多年的发展史。

《西京杂记》记载："高祖（刘邦）初入咸阳宫，周行府库，金玉珍宝，不可称言。其尤惊异者，有青玉五枝灯，高七尺五寸，作蟠螭，以口衔灯。灯燃，鳞甲皆动，焕炳若列星而盈室焉。"螭，传说中无角的龙。据此记载，秦宫中那作蟠曲之状的龙灯已经是利用燃灯时所产生的热气流掀动龙身上鳞甲的一种灯具。刘邦入咸阳为公元前 206 年。

无独有偶。《西京杂记》还记载：长安有巧工丁缓，曾造"九层博山炉"。这是一种熏炉，上饰层层山峦，山峦中藏有种种奇禽怪兽。当炉内点燃熏香，炉上的鸟兽就围绕山峦转动起来，出出没没，堪称奇观。这转动的熏炉与走马灯虽非一物，可其原理却是相同的。

说到巧工丁缓，就不能不提及他的另一件发明，即"被中炉"。其制"设机环转运四周，而炉体常平，可置之被褥"，故得名。这种被中炉，在出土的晋、唐文物中多次发现。它也是一种熏炉，呈球形，故称"熏球"。唐人也称之为"香囊"。球内有燃香的小盂，由两个持平环架起。无论球身如何滚动，其中的香盂却因重力作用，总保持水平状态，盂中香火不会倾出。这种机环的原理与现代航空陀螺仪的三自由度万向支架的原理是相同的，实为中国古代机械史上的一项重大发明。

前曾提及，吴中上元节灯会中有种大滚灯，其中所安置的当是这种机环，不管怎么滚动，其灯烛都是上下垂直

鎏金银竹节柄青铜博山炉

《明宪宗元宵行乐图》（局部）【明】佚名 绘

明朝的元宵灯会搭建的"鳌山灯棚"，灯山自上而下分为四排，悬挂不同形制、图案的彩灯，并穿插挂有仙人

的。从丁缓创制被中炉，到南宋大滚灯的出现，其发展也经过了1300多年。

蟠螭衔烛灯，也是不断发展的。唐太宗有首《咏烛诗》，其中有句曰："九龙翻焰转，四照迎花生。"这唐宫里的九龙翻转，四室生花与秦宫中"灯燃鳞甲动，焕炳若列星"相比，更为多姿多彩。唐玄宗举行宴会，灯具甚多，故名"临光宴"。灯具有"黄龙吐水""白鹭转花"等。这后者，不就是走马灯的前身"转鹭灯"吗？前已述及，波斯文中的走马灯，直译不就是"转动的灯"吗？

唐代的灯具，有更奇异的。

陶穀《清异录》记载，唐懿宗为了给爱女同昌公主祈求冥福，曾将一台"仙音烛"赐给长安的安国寺。何谓"仙音烛"？即能够奏出音乐的灯烛，"其状如高层露台，杂宝为之，花鸟皆玲珑。台上安烛，既点燃，则玲珑者皆动，丁当清妙。烛尽绝响，莫测其理。"

《清异录》所记，虽多新奇之事，但属纪实，是可信的。因此可以说，早在唐代，已具有制作比走马灯更为高妙灯具的技艺。走马灯，倒是因其制作简易，方得以普及开来罢了。

银首青铜人形灯

孔明灯是由蛋壳创造出的灯？

孔明灯，是走马灯的姐妹灯。

走马灯的奥妙，在于它在中心轴的上部平装有一叶轮，俗称"伞"。叶轮上叶片的装置方法，与小孩玩儿的纸风车相似。当其下点燃灯烛，热气流上腾，便推动叶轮旋转，以之为动力，带动中心轴与外圈的画片转动起来。

走马灯是对热气流的巧妙利用，科技史家视其为现代燃气涡轮机的始祖。

走马灯可以带动画面连续旋转，其画面早在宋、元时即已有成系列的节目。如"火烧咸阳""赤壁大战"等故事。清代康乾时期，走马灯被装入暗箱，外开窥视孔，民间艺人以之在街头招揽儿童观看，很有点原始电影的味道。英国李约瑟博士即认为，保持图像动作的连续性，是电影的基础。最早应用电影原理的，就是中国的走马灯。

孔明灯的奥妙，不是利用热气流动推动涡轮旋转，而是利用热气浮升带动灯具上升。其构造，是用竹篾扎成一个球形灯架，上方不留出口，糊上纸勿令漏气。灯下点燃

走马灯

走马灯

松脂，灯内充满热空气，即可冉冉升空。南宋范成大在描述那"小球灯"和"大滚灯"时，有句曰"掷烛腾空稳，推球滚地轻"。的确，这种松脂灯点燃后，向上一托，就稳稳当当腾空而上了。

五代时还没有信号弹，有位叫莘七娘的女子，就曾用这种松脂灯作为战争中的信号灯。

这种松脂灯是谁发明的？已不可考。因之，它在民间传说中就被归于中国聪明智慧的化身诸葛亮名下。诸葛亮，字孔明，所以得名"孔明灯"。

孔明灯的原理，早在西汉《淮南子·万毕术》中就有记载："艾火令鸡子飞。"方法是"取鸡子，去其汁，燃艾火纳卵中，疾风，因举之飞"。意思是利用蛋壳，中燃艾绒，利用热空气浮升的原理，蛋壳可飞上天空。当然，古人也知道，那蛋壳在通常情况下是飞不起来的。还得有"疾风"，有人"举之"。早在大约2100年前，古人能够提出这种原始热气球的原理，是难能可贵的。后来，当把蛋壳扩大成一个如同水桶大小的孔明灯，浮力大于灯体的重量时，不就真的飞上天了吗？

从空蛋壳到孔明灯，从鳞甲动到走马灯，它们显示了古代中国人的聪明才智，显示了中国古代科学技术的光辉。然而，它们在自己的故乡，却始终停留在玩具的水平上，踏步千年，多么令人遗憾呀！

（郭伯南）

相传，秦末与刘邦争夺天下的项羽，身材魁伟，"堂堂八尺"。战国赵将廉颇饭量很大，"日食斗米"。果真如此吗？今人难道都变得个子小，吃得也少了？要弄明白这些问题，我们还得从度量衡的源流说起。关于它的起源，主要有四说：黄钟说、秬黍说、人身说、多元说。

古代由声律来定度量衡？

黄钟说，由来久远。《吕氏春秋·古乐》中有个伶伦制律的故事：

黄帝要制定乐律，即确定乐音的音高标准。乐官伶伦就到大夏之西、昆仑之阴，在解谷里找到了一些竹子，制成了 12 枚 3 孔律管，名叫龠。他又在昆仑山下听凤凰的鸣叫，校正龠音。那 12 枚律管，有 6 枚与雄鸣相应，称"六律"，也叫"阳律"；另 6 枚与雌鸣相和，称"六吕"，也叫"阴律"。合称之又叫"律吕"或"十二律"。据说从此神州大地上才有了乐律。律吕各有专名。六律是黄钟、太簇、姑洗、蕤宾、夷则、亡射；六吕是大吕、夹钟、仲吕、林钟、南吕、应钟。其中"黄钟"为律吕之首，即标准音高。

但"黄钟"是音乐上的事，同度量衡有什么关系？据中国最古老的度量衡专著《汉书·律历志》说：度量衡就是从那能吹奏出黄钟乐音的律管起源的；那律管的长度，即度制的起源；那律管的容积，即量制的起源；那律管所容谷物的重量，即衡制的起源。

度量衡制，肇于黄帝，成于汉世，源于黄钟。这就是"黄钟说"的基本论点。

自"黄钟说"问世以来，有2000余年，它一直是中国度量衡起源的权威性学说，未见有人提出疑问。

在世界度量衡史上，它的起源亦有各种学说。

十二律图

可是，将它的起源与乐律联系起来，却只有东方。可以说，"黄钟说"独具中国文化特色。

这里附带说一下，考古学家1987年宣布，他们发现了一批古老的七孔骨笛，经测音，已具有五声音阶，也符合七声音阶。它们是在中原舞阳县贾湖遗址出土的，故被称为"贾湖骨笛"，也称"舞阳骨笛"。

我们知道，管类发音，和管长、管径、音孔的距离有关。当管长、管径确定后，音孔的距离则是发出音阶正确与否的关键。音孔的距离与发音的高低有一定的数理规律。这个规律就叫律制。制作管乐者，不掌握律制是制不出合格的乐器的。制作时，也必定有度量的方法。这种方法中原的贾湖先民已经掌握，否则，他们制不出那既符合五声音阶又符合七声音阶的一批骨笛。贾湖先民生活的年代，比黄帝和伶伦的时代还要早几千年，距今有 8000 年了。它也表明，中国度量衡与乐律的历史一样，都是相当古老的。

排列黍谷便成人人能用的计量尺？

黄钟说认为度量衡皆起源于那黄钟律的律管。可是，若问那个叫"龠"的律管的长度、容积，以及与容积有关的重量究竟是怎么"生"出来的，它就不能自己回答了，就得借助于秬黍说。

秬黍说认为：

度，是黍的宽度，1 黍的宽度为 1 分，10 黍为寸，百黍为尺，故古代又称尺为"黍尺"。

量，是黍粒的体积，1200 粒装满的竹筒叫一龠，合龠为合，10 合为升，10 升为斗。

衡，它依据的是黍谷的重量。10 黍为累，百黍为铢。1 龠 1200 黍，即重 12 铢。两龠即 24 铢，叫 1 两。斤两的两，就是缘此而得名的。16 两为斤，30 斤为钧，4 钧为石。

以黍量黄钟律管，其长 90 黍，即 9 寸；可容 1200 黍，即 1 龠；其重为 12 铢即半两。依此而论，律是从黍谷所生。这叫"造律以黍"。

"造律以黍"用的是什么黍谷呢？《汉书·律历志》说："以子谷秬黍中者"，意即谷物中的秬黍，还要选"中者"。

"秬黍"是什么？古人都认为是一种黑黍。但古代黑黍也有好多种，究竟是哪一种呢？明代学者朱载堉在《律吕精义》中指出："软而堪酿酒者名秬，硬者堪炊饭者名穄（即稷，也叫糜子）。一稃二黍者名秠（黑黍之一种，一穗三四实，每实中有二米）。律家所用唯秬而已，穄与秠弗堪用。"但也有异说。清代学者吴大澂说："黑秬黍，即今日之高粱米，以河南所产者为准。"

"中者"何谓？唐人颜师古说是"不大不小"。还有的说是经筛子选出的。朱载堉却另有独见，认为"中者"，是指合用者，不是中等中号之"中"，是"中用"与"不中用"之"中"。什么样的方"中用"？他说头等大号者为佳。其根据是"秬黍"的"秬"字，其字从"禾"从"巨"，即禾谷中巨大者之意。

黍谷不只粒有大小，其形亦非正圆，所以，如何排列，也是个难题。古人怎么排呢？汉人斜累，唐人横累，后周纵累，宋与清纵横皆用。康熙皇帝曾亲躬累黍，横排百黍为乐律尺，纵排百黍为营造尺，俗称"累黍定尺"。

因历代尺度有差，对黄钟律管的长度记载也不一，除9寸说外，还有8寸1分说、1尺说。有趣的是，朱载堉竟然以排累方式不同，而将其调和起来了。他说选用上党所产的大个黑黍，纵排81枚，斜排90枚，横排100枚，其长度相等。从而得出结论，黄钟律管的长度自古以来是不变的，只是黍尺的排列方式有差。其实，古制粗疏，未必像如是所说精密。

古代以谷物作为计量之标准，并非只有中国。西亚、欧洲都曾有以麦粒为度量起源的传说。中国是黍粟的故乡，故选用秬黍为准。可以说，"秬黍说"在世界上度量衡起源于谷物诸说中，独具黄河文明的特色。

项羽8尺，到底是多高？

相传，英码的长度，原是依英王亨利一世（1068—1135）的鼻尖到大拇指长度而定的。中国也有个古老传说：古代治理洪水而闻名的大禹，"声为律，体为度"，从而生出了度量衡。这类传说也许是虚妄的，度量衡不可能以哪一个人的声音、身体长度为准。但是，这虚妄之中也透漏出一些原始信息，即度量衡的起源或与人体自身有密切关系。"人身说"就是这样主张的，它列举出一系列证据。诸如：

尺，起源于人们用手量物。《孔子家语》说："布手知尺，布指知寸。"至今，在中国从北到南，到处可见这种古老遗风。西南少数妇女织布，仍多以拃计量。中原木工看树木，也多以手拃，树围长度的单位量词是"手"，称"几手粗"。现存的商代骨尺和牙尺，其长度在15厘米至17厘米，约为妇女一拃之长。汉语中称男子为"丈夫"，若以今尺度之，高达3.3米，就都成了巨人。古以一拃为一尺，10拃为一丈。以商尺来计，丈夫不过1.5米至1.7米。项羽8尺，是以秦汉尺度计量的，约1.85米，也够得上大个儿了。

新莽新嘉量

它是王莽始建国元年（公元9）颁行的标准量器，龠、合、升、斗、斛五量具备，故名嘉量。正中的圆柱体的上部为斛，下部为斗，左耳为升，右耳上截为合，下截为龠。器外有铭文，分别说明各部分的量值及容积计算方法

东方以手为尺，西方则以脚长为尺。英语中脚与尺为同一个词。

寸，来源于手指的宽度。以手指宽度计量，至今也在沿用。北方农民在雨后刨开湿土，量量有几指深，即曰"几指雨"。商尺上已分1尺为10寸。每寸约宽1.6厘米，相当于妇女的指宽。

跬步，作为长度单位则起源于走的动作。《说文解字》解释："跬一举足也，倍跬谓之步。"即一抬脚叫一跬，两跬叫一步。古文"步"字，画有两脚，是个象形兼会意的字。今日称"步"则为一举足。相当古代的半步。

溢与掬，是古代的量词，起源于手。《孔丛子》曰："一手盛为之溢，两手谓掬。"溢即一大把，手盛不住，往外溢出。掬，即一捧。古文"掬"字，就是两手捧米的象形字。云南独龙族，至今买卖黄连、贝母等药材，不称量，而以把、捧论价。

挑与担。在度量衡的起源序列中，度最先，而衡较晚，

（甲骨文）

↓

（金文）

↓

（小篆）

"步"字的演变

故许多重量单位与人无直接关系。但至今柴草等粗物的计量，仍以挑、担为量词，如一挑柴、两担粪。其标准是人肩通常所能负荷的重量。

人身说者还认为，度量衡的起源，不仅与人体密切相关，并且是与人类俱来的。当猿人打制第一块石器时，石块的大小、轻重即为打制者所注意，度量的观念实际已开始萌生了。

廉颇日食斗米，到底有多大饭量？

多元说者认为，度量衡作为一种计量制度，它的起源与人的身体有关，可却不限于人身，其起源是多元的。它也列举了一系列证据。诸如：

长度。尺、寸，与人手有关，寻为人的双臂张开之长，仞与人身等高，都与人身有关。但是，比寸为小，比寻再

《乾隆鉴古图》
　图左方的器具是新莽新嘉量

大的长度单位，超越了人身所能企及的长度，就与人身无关了。寸以下的分、厘、毫、丝、忽，则与牛、马、兔、蚕有关。古人说"十马尾为一分"（《易纬·通卦验》）；"厘者牦牛尾毛者也"（《宋书》）；"毫，兔毫也，十毫为一厘"（孟康语）；"蚕所吐丝为忽，十忽为一秒"（《孙子算经》）。北宋以前有"秒"无"丝"。至宋始改"秒"为"丝"。寻以上的长度单位有里、舍、信等。里，本义指居民点。从此里至彼里的距离，称之为"里"。今日乡间计算距离，往往说"过了这个村，再过两个村就到了"。今之村，即古之里。舍，指居住的房舍，行程一日，要住宿，故一天的路程曰"舍"。后以30里为一舍。两天的路程叫"信"。《诗经·有客》曰："有客宿宿，有客信信。"宿，为住一夜，信，为住两夜。"信信"就是住四天，用以表里程，就是四舍，120里。

面积的计量，古人用几、筵计算室内面积。《考工记·匠人》曰："室内度以几，堂上度以筵。"几的长度一般为3尺。筵是铺在地上的座席，一般长9尺，宽约长的1/3。《考工记·匠人》谈及明堂的面积，则曰："东西九筵，南北七筵。"古代中国的筵，类似日本今之榻榻米。日本也有以榻榻米计量室内面积的习惯。

田地的面积，不能以席子来计算。初始，只论块的，有几块田。西周的鼎铭中，有王赐臣下"田十田"的记载，即土地十块的意思。当时尚未出现亩积的精确计量。云南的傈僳族、纳西族、怒族、白族等族，其地多少以牛耕而论。如两牛耕一天的土地，称"一架田"，约有2亩。牛耕地时，一天中间要歇三次，即中午一次，上、下午各一次，

小贩肩扛不等臂秤

秦权

秦权，即秦代秤砣，多为半球形，权身底部凹陷，权体一般环刻铭文，为秦始皇、秦二世诏书

所以约有半亩地时，则称"牛歇一气"。

容积，小如一撮，大如一捧，都与人手有关。当无法用手计量时，则得借助于容器。比如中国南方收获稻谷，多以箩计，箩以担挑，故两箩叫一挑。这种箩编制的大小都相差无几。云南瑞丽傣族编制箩筐，到最后收边时，便边编边校，合于标准了才收口。一般盛稻谷为18.5千克。古代有量具斗、釜等。其实，釜，原就是做饭用的锅，斗就是盛酒用的大勺。久而久之，由用器演变为量具了。

赵国老将廉颇日食斗米，实际是一大勺米。依先秦量制折合为今制约2.5斤。当然，这也是大饭量了。

合，为量称，原为两龠，即将两龠合在一起为一合。故《汉书》曰"合龠为合"。它是动词转化而来的量词。

重量的计量，起源较晚。春秋时代，在楚国出现了天平和砝码。它是被用来称量黄金等贵重物的。东汉时，出现了不等臂的天平，即秤。北宋时方制成精密小秤戥子。其发展与对杠杆原理的认识和应用相表里。计重的一些单位，如斤、两、钱，也各有由来。"斤"的本义是一柄铜斧的重量。"两"，前已叙及，"两铢为两"。它是由数词转化而来的量词。"钱"的出现是在唐代。公元621年，朝廷铸造的"开元通宝"，每枚重2铢4累。10枚重24铢，

战国商鞅方升

商鞅任"大良造"时所颁发的标准量器，也是秦统一六国后造量器的标准器具

《清明上河图》(局部)【明】仇英 绘

恰为 1 两。从此，凡 1/10 两，即不再称几铢几累，而曰一钱。钱从货币名称又获得了量词的意义。

综而观之，度量衡但凡超出人身可及的，皆与人身无关。它的起源，包括人身在内，是多元的。

（郭伯南）

古人的饮食

清欢

茶的故乡在亚洲，在中国，是中华民族的先民将之由野生培育成一种农作物，创造了制茶的技术以及饮茶的艺术，成为中国古文化的一大特色。影响及于东方，今日则饮誉世界，成为世界文化精粹之一。

然而，饮茶究竟始于何时？茶道，即茶的艺术的源流，茶文化如何东渡，又是怎样走向世界的？这些问题，至今学者们还在孜孜探索。

茶的故乡究竟在何处？

茶，成为中华文明的一大特色，并不是因为中国是茶树的原产地，正如印度有野生大茶树，却未培植出自己的茶文化，而是 1780 年才从中国广州引进茶籽开始种茶。中国成为茶的祖国，主要在于中华民族的先民最早认识了茶的功用，才在漫长的岁月中逐渐形成光彩夺目的茶文化。那么，在中国，是从何时何地最早开始饮茶的呢？

饮茶在中国这么一个大国，不可能起源于一时一地。茶文化是在漫长的岁月中，经过千百万人的实践，逐渐形成的。各地饮茶的先后是有所不同的。中国饮茶，以长江上游的巴蜀为最早。兹述如下。

茶的古称，至晚先秦时蜀地已有了。公元 16 年成书

的《方言》记载："蜀人谓茶曰葭萌。"原来，2000多年前四川土话把茶叫"葭萌"。《汉志》记载西汉初四川设有一个"葭萌郡"，换成官话说，就是"茶郡"。这郡为什么叫"葭萌"呢？《华阳国志》记载，先秦时，末代蜀王有个弟弟叫葭萌，封在汉中，号苴侯。因此，苴侯所在的那个城邑就称"葭萌"了。秦国于公元前316年灭巴蜀。秦亡汉兴，改葭萌邑为葭萌郡，其地望在今川北剑阁东北。

我们知道，在古蜀历史传说中，蜀王的名号往往同其历史业绩有关。如蜀王蚕丛，相传是驯育野蚕为家蚕的人。又如蜀王鱼凫，相传是驯养鱼鹰帮助捕鱼的创始人。那么，这位以茶为名的蜀王弟弟葭萌，是否就是中国最早的一位吃茶者呢？无论怎么说，他的名字记录并说明在公元前316年以前，即古蜀国的传说时代已有茶的名称了。

秦灭巴蜀，当知巴蜀物产中有茶，但历史上疏于记载。

《赵孟𫖯写经换茶图》（局部）

【明】仇英 绘

图中的烹茶之器是一具风炉，这里采用的烹茶方式是煎茶

西汉时，蜀人司马相如著《凡将篇》，其中谈及 21 味中草药，茶就是其一。可知西汉初蜀人仍视茶为药物。

但比司马相如稍晚的辞赋家王褒在其名作《僮约》一文中，已明确提到"烹茶尽具""武阳买茶"。从而可知，大约在西汉，蜀地已饮茶，并已形成茶的市场。位于今四川成都以南鼓江县的双江镇（原名武阳镇），为中国历史上最早的茶叶市场。

西汉初，不仅蜀地有"葭萌郡"，长沙国属下还有个"茶陵县"，在今湖南株洲地区。茶陵之得名，《茶陵图经》上说因其"陵谷生茶茗也"。也有的书上说，其地理位置，"于茶山之阴，故名"。当时湖南不但有"茶山"，还有以

产茶著称的县，当时应已知种茶、卖茶和吃茶。

如果说，云南、川南为茶树的原生地，那么，早在2000多年前的西汉初期，茶树向北发展，已横跨长江上游两岸并及于中游的南岸了。西晋时，茶树已发展到岷江流域。杜育的《荈赋》（荈，茶的古称之一）就描写了当时岷江流域的茶树"弥谷被冈"的盛况，以及初秋之时，村姑结伙满山采茶的热闹情景。

同时，成都城里，老太太上街摆起茶摊卖"茶粥"了。当时不仅有茶摊，也有茶楼。晋人张孟阳去成都，赋《登成都白菟楼诗》，赞颂"芳茶冠六清，溢味播九区"。说在水、浆、米酒等六种饮料当中，茶最芳香，并说蜀地茶香早已散播到九州。

从"葭萌"之名，到"芳茶"之誉，从先秦到西晋，蜀人饮茶已出现空前盛况。

附带说及，从西晋到当代，成都茶馆之多，饮者之盛，一直是独有的一大特色，历时1600多年，可见茶乡特有的古风遗韵。

中国何时何地开始饮茶？

三国时，长江上游的"南中茶子"已成为全国名产，可在长江下游的东吴，茶茗还是吴主宴会上的高级饮料。

史载，吴主孙皓，每每举行竟日的宴会。他规定，凡参加宴会都得喝酒七升。可是，德高望重的宰相韦曜却不能多饮，孙皓就"密赐茶荈以当酒"。

孙皓所饮之茶，来自何处？据《吴兴记》载：吴兴郡治所乌程县（今属浙江湖州）西"有温山，出御荈"。吴兴郡，是孙皓在位的第三年即公元266年建制。其所出之御用茶，大概就是供吴主孙皓的。

综上所述，可能在三国前后，东吴一带已知饮茶，浙江北部也开始种茶了。

从韦曜以茶代酒开始，过了半个世纪左右，东晋初年，出了位饮茶成癖的人叫王濛。凡有客来，王濛必以茶相敬。当时，客人多不习惯饮茶，难耐其苦涩，可碍于情面，又不能不饮，深以为难。久而久之，凡要去拜见他，人们就相戏曰："今天又有'水厄'了！"即今天又要遭遇那强饮苦涩茶水的厄运了！因了这个故事，"茶"得了这个贬称，曰"水厄"。

又过了半个多世纪，到了南朝初期，刘宋女文学家鲍令晖著《香茗赋》，就不再说茶苦，而盛赞其香了。

从张孟阳在成都称赞"茶芳"，到鲍令晖在建康称誉"茗香"，其间相差一个半世纪左右，可知饮茶在长江上、下游的发展是有一个过程的。

从《香茗赋》问世，又过了半个多世纪，到南朝萧齐时，齐武帝在临终遗诏中说，在他死后，祭祀要从简，不准用牺牲，只供些"干饭、茶饮"就可以了，并诏令"天下贵贱，咸同此制"。可知，这时饮茶相当普遍，不分贵贱，大概这时石头城里也有老太太摆起茶摊了。

在长江流域上游的巴蜀，秦汉时代已知饮茶，下游的东吴，最晚三国时已知以茶代酒了。那么，在黄河流域呢？在北方草原和青藏高原呢？

黄河流域何时饮茶？有人说，蜀人曾向周武王贡茶。那么，有 3000 年了。但此说依据不足，难成定论。也有人说："秦人取蜀，始知茗事。"秦灭蜀是公元前 316 年，距今 2300 多年了。然而，我们不能不注意到在北魏人杨衒之所著《洛阳伽蓝记》中那"漏卮"与"酪奴"的故事，这是在秦灭蜀 800 年后发生的。

南北朝时，萧齐名士王肃，因遭政治迫害，北投元魏，时在太和十七年，即公元 493 年。王肃生于江南，长于建康（南京），初到中原，居于洛阳，吃不惯羊肉，喝不惯酪浆（牲畜的乳汁），"常饭鲫鱼羹，渴饮茗汁"。当时，洛阳人还不习惯饮茶，见这个南方人喝了一杯又一杯，就开他的玩笑，给他起了个绰号叫"漏卮"，即没有底的杯子。

几年后，王肃也渐渐习惯北方生活。有次参加殿宴，他举杯大口饮奶粥，拿刀大块吃羊肉。皇帝很惊奇，问他："卿也适应中原口味了？羊肉比鱼羹怎样？茗饮与酪浆哪个好？"王肃说："羊为陆产之最，鱼乃水族之珍，茗饮不中，只能与酪为奴！"因了这个典故，茶又得了个别名曰"酪奴"。

北朝宴会，茶与奶并设，然而，人多以饮茶为耻，不肯饮用。也有喜饮者，却往往受到鄙视，被骂道："怎么不好山珍海味，偏好南方奴才喝苦的水呢！"这种对待饮茶的态度，当然不无南北对峙所造成的政治因由，但主要还是南北方的生活习惯不同。

《唐后行从图》（北宋摹本）
【唐】张萱 原绘

黄河流域饮茶到何时才比较普遍呢？那是在南北朝的对峙结束之后，隋王朝统一了天下，南北社会文化才迅速地交融。据说，隋的开国之君文帝杨坚就是位嗜茶者。古语云："上有好者，下必甚焉。"皇帝嗜茶，茶就不会再被鄙视为"酪奴"了。

唐代名画有幅《唐后行从图》。画中在雍容华贵的武则天被前呼后拥地出行场面中，就有个手捧茶盏的仕女跟从在后。可见，唐代饮茶之风日盛，须臾也离不开了。

黄河流域饮茶，至盛唐出现了空前的盛况。"王公朝士，无不饮者"，"穷日尽夜，殆成风俗"。从关中的长安，到中原的洛阳，以及河北、山东等地，也就是在黄河中下游的广大地域，大凡交通沿线，随处都有茶摊、茶铺，"不分道俗，投钱可饮"。江南各地的茶，源源北上，舟车相继，所在山积。当时，不只江南、江北产茶，中原也产茶，以及黄河北岸也出产名茶了！朝廷看到茶已与盐、铁一样，

《十八学士图》（局部）
【宋】佚名 绘

为百姓日常所需，有利可图，故于唐德宗建中元年（780），开始向全国产茶之地征收茶税。

在长城脚下，这时已出现茶马市场。游牧于大漠南北、世世代代以饮"酪浆"为生的回纥人，也成为嗜茶者，年年驱赶着骡马牛羊、入塞市茶。从此，契丹、党项、女真、蒙古等族与中原的茶马交易，历千年有余，绵绵不绝。

在青藏高原，相传饮茶始于初唐贞观十五年（641），是那位藏汉的友好使者文成公主将茶叶、佛像和汉文化一起带到了青藏高原。大约过了140年，西藏饮茶之风，已相当盛行了。史载：唐建中二年（781），唐使常鲁出使吐蕃，烹茶帐中。吐蕃赞普问其所煮何物，常鲁说："煮的是涤烦疗渴的所谓茶。"藏王说："我们这里也有，命人取来，一一指点，此寿州者，此舒州者，此顾渚者，此蕲门者，此昌明者，此灉湖者。"其地遍及今浙、皖、湘、鄂、川五省，皆为当时各地之名茶，唐使听了，也直咂舌！

古人先前把茶当药用和蔬食？

在中国，饮茶历数千年，大致经历了药用、蔬食、渴饮的三个阶段，而后饮茶才逐渐分化出品茶的艺术。

每当谈及茶的起源，人们就引用"神农氏尝百草，一日遇七十毒，得茶而解"的传说。这传说恰好表明，在饮茶之先，茶曾经历了一个"药用"阶段。在秦汉之际，茶主要还被作为药用。中国的茶最初传入欧洲时，也是当作药物，只在药房出售。当时，还不知茶可以蔬食呢！

三国时张揖著《广雅》，称饮茶曰"煮茗"；西晋时，傅咸在《司隶教》中说到茶，称"煮粥"，就恰好反映出魏晋时，有人将茶的鲜叶采来煮食，连汤带菜一起吃，将茶作蔬食，所以，才在煮茶时加米、加油、加盐，煮成"茶粥"。有些则还要加入姜、葱、椒、桂、红枣、橘皮、茱萸、薄荷等佐料调味。煮茶如烹调，吃茶如吃菜，这就是饮茶史上蔬食阶段的特点。

当先民知道吃茶要光喝汤，不吃叶，才有了饮茶。如前述韦曜以茶代酒，王濛以茶敬客，人称"水厄"，王肃"渴饮茗汁"，都是为解渴而饮茶，都可归之于饮茶史上的第三阶段，即渴饮阶段。

渴饮出于蔬食，即使已不再蔬食，却仍有蔬食的遗风。这种遗风，自古至今，一直延续着，并发展着。

在历史上，唐诗有句曰："盐损添常戒，姜宜煮更黄。"可证唐人煮饮，还有蔬食时加盐放姜的习惯。近年，在陕西扶风法门寺出土的一套鎏金银茶具中，就有一件专放盐和椒末的三足托盘，名曰"盐台"，可为一物证。宋人也如此。明朝还有的在茶中放入核桃、榛子、杏仁、榄仁、菱米、栗子、鸡豆、银杏、新笋、莲肉等，煮茶好像熬八宝粥。清代有的地方饮茶像饮酒，还要以小猪肉、干豆腐丝等小菜佐饮。

当今，中国许多民族中也有类似的风俗。比如蒙古族煮砖茶，要放入鲜奶，名曰奶茶。藏族在茶中放入酥油、盐巴，叫"酥油茶"。维吾尔族也喝奶茶。有的地方的维吾尔族却不在茶中加奶，而要放入桂皮、胡椒等香料。傈僳族、苗族、彝族、怒族都喜欢在茶中放盐，叫盐巴茶。

更有趣的是，类似风俗不仅流传在茶的故国的边远地

唐金银丝结条笼子
唐代宫廷茶具中的茶焙。在空气干燥时，镂空通风可以保持茶饼的状态；当空气湿润影响茶饼后，通过悬空加热令茶干燥。茶饼在这个过程中也可以发酵转化

《撵茶图》【南宋】刘松年 绘

画面的左半部分描摹了宋代点茶茶艺从碾茶、煮水到注汤点茶的点试过程，以及所用的大部分茶具。一人持石磨碾磨茶叶，另一人左手持一茶碗，右手正往茶碗中注汤

带，也流传于世界各地，形成各国各民族的饮茶风俗。比如欧洲人饮茶多加糖，俄国人饮茶喜欢加柠檬，新西兰人则在茶中放奶酪，摩洛哥人则喜欢放薄荷，克什米尔人要放入盐和大茴香。

当历经药用、蔬食、渴饮三个阶段后，喝茶发展成一种艺术——品茗。

古代茶道高手如何炼成？

品茗艺术的创始者是唐朝的陆羽。他是世界上最早的茶道艺术家。在他以前，可谓"煮茶"，即将茶饼掰开，放入瓶中，大叶熬煮，并如前述，加姜、盐等佐料。陆羽认为，饮茶贵在品饮茶的真味，若加姜桂，或煮之百沸，茶味全失，"斯沟渠间弃水耳"。他始创的煎茶法，要点

在于如何保持茶的真味。煎之前，要将茶饼（那时还没散茶）碾碎成末，以细箩筛过。要选择水质好的水，泉水为上，江水次之，井水为下。煎之时，要掌握火候，待水初沸，水泡泛起，若鱼眼、蟹目，即将茶末投入瓶（水壶）中，旋即分饮，令茶不失味。茶与水的比例也有严格规定。煎茶与品饮，还讲究一定的礼仪。

品茶在晚唐及五代，从"煎茶"发展为"点茶"，出现了"汤戏"艺术。何谓点茶？点茶不同于煎茶的是不再将茶末在水沸时投入瓶中，而是事先分置于茶盏之内。待水已沸，提起瓶一点一点往茶盏内滴注。同时，用工具搅动盏中茶末，边点边搅，令水与茶彼此交融，泡沫泛起。古代称沸水为"汤"，以瓶滴注叫"点"，故古代雅称茶壶叫"汤提点"。那搅动茶末的工具是以竹片劈成的帚，名曰"茶筅"，以茶筅搅动的动作叫"击拂"。点茶艺术，也是"击拂"的艺术。

《文会图》（局部）【北宋】赵佶
茶床上设有茶盏、盏托等物，一仆人手持长柄茶勺，正从茶罐中取茶粉放入茶杯。旁边的茶炉上放置茶瓶，正在煎水，画面再现了宋代分茶场景

"击拂"时，汤面泛起的泡沫曰"汤花"。击拂的高手可以令汤面上的汤花幻化成各种形象，若花鸟虫鱼，若山川草木，纤巧有若绘画。因之，这种点茶艺术又称为"汤戏""茶百戏""水丹青"，从名可想见其形。

《清异录》中记载，有个生于茶乡，长于茶海的和尚叫福全，精于汤戏。他点茶，每一盏中可生成一句诗，四盏连点，可成一首绝句。至于花鸟禽兽，更是唾手可得。天天都有施主来求他表演，围观。

福全也很自负，他对茶神陆羽也有微词，赋诗曰："生成盏里水丹青，巧尽工夫学不成。却笑当年陆鸿渐，煎茶赢得好名声！"

題文會圖

儒林華國古今同
吟詠飛鷹醉醒中
多士作新知入彀
繪圖猶喜見文雄

臣宗謹依
韻和進

明特不異有唐同
八表人歸大道中
可笑當年十八士
經綸誰是出羣雄

宋代也有汤戏，时称"分茶"。北宋的徽宗就是位茶艺专家，也擅长分茶、点汤击拂，能令汤面呈疏星朗月，巧幻如画。南宋诗人陆游也是位高手，他闲来无事，就以写草书，玩分茶，自行消遣。

词人杨万里也是行家里手，在《澹庵坐上观显上人分茶》诗中说：

"分茶何似煎茶好，煎茶不似分茶巧。蒸水老禅弄泉手，隆兴元春新玉爪。二者相遭兔瓯面，怪怪奇奇真善幻。纷如擘絮行太空，影落寒江能万变。银瓶首下仍尻高，注汤作字势嫖姚。"

诗人点明，茶与水在兔毫盏的盏面上呈现出种种幻象，若悠远的寒江倒影，千变万化，银瓶点汤，又令汤面幻化出疾劲的书法，端庄威严，犹若一个个将军。诗人描写显上人分茶艺术的娴熟，几近于至巧。

的确，分茶为茶艺中的至巧，故为文人墨客所雅好。因之，它成为茶道中的阳春白雪，流传不广。这朵茶艺奇葩，其神韵或许与当今世界上的现代派绘画颇有相通之处，可惜过早地凋谢了。

古人斗茶比什么？

点茶、分茶与斗茶，都是茶的游戏，可有所不同。点茶与分茶是表演艺术，是观赏艺术；斗茶却若竞技比赛，重在胜负输赢。点茶与分茶难度较大，参与者自然较少，也可个人自娱；斗茶容易，谁都能学，故而成为老百姓广泛参加的一种游艺活动，并形成几百年的时代风尚。

斗茶始于唐，有千年历史了。最早出现在出产贡茶的建州（治所在今建瓯）茶乡，是新茶制成后，茶农评比新茶品序的一项比赛活动。它有比技巧，比输赢的特点，富有趣味性。因之，不但有下场参加斗试的，还有围观的，十分热闹。一场斗茶的胜败，犹如今之一场球赛、围棋的胜败，为广大观众所关注。因之，唐称"茗战"，宋称"斗茶"。

斗茶从茶乡传播开来，也就不再限于采制新茶之时，更不限于茶农，目的也从评比茶的品第，转而成为评比斗茶者点汤击拂技艺的高低。久而久之，它风靡全国，成为上至帝王将相，下至农民挑夫的一项游艺活动。它原来的农事性质也变成文娱性质了。

北宋有首《斗茶歌》，对研究斗茶的起源，是较早而翔实的史料。它出于大文学家范仲淹的手笔。茶歌说，春暖冰开，茶树吐珠，家家欢声笑语，穿云踏雾，上武夷山采茶，然后，研膏焙乳，制出新茶。为选出最美的茶奉献给当朝天子，茶农接着就开场斗茶了：

"北苑将期献天子，林下雄豪先斗美。"

斗场上是怎样的情景呢？

"黄金碾畔绿尘飞，碧玉瓯中翠涛起。""胜若登仙不可攀，输同降将无穷耻。"

斗茶开始了，茶碾滚动起来，如烟似雾的绿色茶尘顿时飞扬，碧玉似的茶盏里，随着斗试者的点汤，恰到好处击拂，汤花像波涛上的浪花，汹汹涌起……

斗茶是有输赢的，胜了的，好像一步登天，飘飘然，似乎高不可攀了；输了的，垂头丧气，像个战场上的降将，感到极大的耻辱。

诗中的"碧玉瓯"，所指即色若碧玉的茶盏，也就是曾经成为陶瓷之谜的"秘色瓷"。1986年，在陕西扶风法门寺塔的地宫中出土一批精湛的越窑青瓷，有茶盏、茶盘等。同出土的物帐碑上标明，这就是"秘色瓷"，从而这一千古之谜才得到确切而公认的解释，并已确知它的故窑在今浙江省余

五瓣葵口浅凹底秘色瓷盘

姚县境，至今那里的唐窑遗址犹存。越窑青瓷，为何不叫"青色"，却称"秘色"呢？宋赵德麟《侯鲭录》一书中记载："世言钱氏有国（指钱镠称吴越国王），越窑烧进为贡奉之物，不得臣庶用之，故云秘色。"因是给皇上的贡品，不准官员、百姓使用，才称秘色。这秘色的"秘"，同"秘府""秘阁"的"秘"意思相近。秘府、秘阁，原意为秘密藏书之所在。久而久之，成为皇家图书馆的专称了。秘色瓷，原也是秘密烧造用以进贡的，久而久之，则成为宫廷所用越窑青瓷的代称了。

北宋时，斗茶艺术讲究茶具，故以越窑青瓷为上。"碧玉瓯"就说到这里，再说斗茶。

斗茶决定胜负的标准是什么？

"斗茶味兮轻醍醐，斗茶香兮薄兰芷。"

这是《斗茶歌》提到的两条评判标准：茶味与茶香。

茶味，是说喝到嘴里的口感，即茶的口味，标准是清甘为上，重浊为下。如果喝到口中像醍醐（纯酥油）那样纯厚，反而被认为是低劣的。正因如此，制茶时要榨去茶汁。今天看来，这不是对茶的有效成分的严重破坏吗？可古人却说，建州茶，色味都过于重浊，不榨是不行的。

茶香，是指端起来可以闻到的气味，茶香以茶的本味为上。如果茶的气味好像香草兰芷，那也是斗茶标准所鄙薄的。也因此，早期的贡茶，还加龙脑香等提高茶的香气，后来认为这样就掩盖了茶的本味，贡茶也不加香料了。宋代还没有花茶，以花熏制的花茶是元明时才发展起来的。

《斗茶歌》提到的"茶味"和"茶香"两条标准，重点还在于评比茶本身的品第、优劣，而未强调斗试者的技艺。显然，斗茶这时还限于茶农的茶事。当斗茶风靡全国之时，品评的标准也改变了。新的斗茶标准，也是两条：一是"汤色"，一是"汤花"。

汤色，指茶水的颜色，标准是以纯白为上。青白、灰白、黄白，则等而下之。汤色是许多制茶艺术的反映。色纯白，表明茶质鲜嫩，制作也恰到好处；色偏青，是蒸时火候不足；色泛灰，是蒸时火候太过；色泛黄，是因制茶不及时；色泛红，是烘焙过了火候。

汤花，是指汤面泛起的泡沫。品评汤花的优劣，也有两条。

一是汤花的色泽。《斗茶歌》谈及汤花泛起，用"翠涛"来形容，显然那汤花是翠色的。但是，后来则要求汤花的色泽以"鲜白"为上，因汤花的色泽与汤色

《柳下斗茶图》

【宋】李崇 绘

两者是密切相关的。

二是汤花泛起后，看"水痕"出现得早晚。如果茶末研碾得细腻，点汤击拂都恰到好处，汤花匀细，有若"冷粥面"，就可以紧咬盏沿，久聚不散。这种最佳效果，名曰"咬盏"。反之，汤花泛起，不能咬盏，会很快涣散。汤花一散，汤与盏相接的地方，就露出"水痕"。所以，水痕出现得早晚，成为评判汤花优劣的依据。

当斗茶成为一种游艺活动时，品评茶的制作技术如何，渐成次要条件，而主要的标准就是看汤花，看水痕出现得早晚，早者为负，晚者为胜。因为这才是参赛者技艺高低的准绳。斗茶多为两人相斗，不是一决胜负，也像今日的比赛规则，或三斗两胜，或几斗几胜等。计算胜负的术语当时叫"相差几水"。

"水痕"在斗茶中从一般标准发展成决定性的标准，这从斗茶用具也可以看出。

《斗茶歌》中谈到斗茶用的茶盏，说是"碧玉瓯"，即青瓷盏。"碧玉瓯"与"翠涛"，两相辉映，是一代风尚。后来，斗茶的汤色及汤花的色泽都尚白，而茶具则讲究用"建盏"，即建州窑烧制的黑釉盏。为什么重白色、尚黑盏呢？宋人祝穆在所著《方舆胜览》中指出："茶色白，入黑盏，其痕易验。"考古发现的建盏，在口沿下 1.52 厘米处，有一注汤的标准线，盏中汤与线平，恰是斗茶要求注汤至盏的 6/10，汤花泛起，则高出这一标准线，汤花一退，水痕在标准线处很快就显现出来。显然，这是为适应斗茶以"水痕"为标准的需要而特地制作的。

宋代，中国的茶与品饮艺术，随着来华高僧的东归传入日本，作为斗茶标准器具的建盏等，也一起东渡了。日本茶道兴起，仿制建盏也获得成功。至今在日本茶道中仍能见到它的痕迹。它是斗茶与茶道有着共同的历史渊源的见证。

工夫茶怎样才算工夫到家？

品茶到明清时期，发展出瀹茶与工夫茶。

瀹茶，就是煮茶、烹茶。难道煮茶还有什么艺术？为了

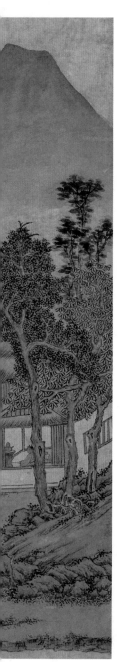

了解得具体，先说个瀹茶的故事。

明末，有位善于瀹茶的名士叫闵汶水，因其年事已高，人称"闵老子"。原籍安徽，落籍福建。当时的名流雅士，凡经其地，识与不识，都去拜访他，以能尝得闵老子所烹之茶为一大快事。

有名士张岱来闽，慕名造访。闵氏外出，至晚方归，未语又出门去觅失落的手杖。再归来时已初更，见客仍在息心等待，知其心欲品茶而后归，甚喜，"自起当炉，茶旋煮，速如风雨"。于是，引客至一室，明窗净几，案上摆设有古朴的荆溪壶（宜兴壶），成宣窑小茶盏。这种小茶盏时有"片瓷千金"之誉。茶入盏，色若白金，香气逼人，客人连声称"绝"。后来情景，客人在所著《陶庵梦忆》中忆道：

"余问汶水曰：'此茶何产？'汶水曰：'阆苑茶（地在四川）也。'余再啜之，曰：'莫绐余（别骗我），是阆苑制法，而味不似。'汶水匿笑曰：'客知是何产？'余再啜之，曰：'何其似罗岕（地在浙江长兴）甚也？'汶水吐舌曰：'奇！奇！'"

客人品出了茶的制法及产地，又接着问水。也是一个设谜，一个揭底，不但指出水质的优劣，还品出新陈、老嫩。汶水再次吐舌称奇。那时瀹茶的风俗是，如果客人品出了茶道，揭出了蕴奥，主人则以更好的茶相待。

"汶水去是少顷，持一壶，满斟曰：'客啜此。'余曰：'香扑烈，味甚浑厚，此春茶（春天所采者）耶？向瀹者是秋茶。'遂定交。"

从这个故事不难看到，瀹茶艺术，不是渴饮者所知，实为茶的一种鉴赏艺术。它讲究品茶的环境要幽静，所用茶具要古朴典雅。茶要名茶，水要好水，其中特别重要的一条是茶客要有涵养和风韵，要有品茶的工夫。如上述之客人，连茶的采摘季节都品出来了，其功力可谓深矣！

品茶到清代已发展成工夫茶。瀹茶要煮，工夫茶则是冲泡了，开今世泡茶之先河。如果说，瀹茶重在鉴赏，工夫茶则重在礼仪，以及那种品茶如禅定的艺术精神。

工夫茶主要流行于福建南部、广东潮汕及东南亚一带。工夫茶在各地程式不一，概略相同。以闽南为例，大致如下。

首先是赏茶，宾主三四人，入座后，主人取出茶来，讲述其特点、风味。接着，客人依次传茶闻香，鉴赏，接着品评，交谈起茶经来。

接着，主人开始冲茶，表演其技艺。

温壶。工夫茶所用茶具，小巧玲珑。茶壶雅称"玉书碨"，大小如掌，容水 4 两。所以，入茶之先，要冲入开水，以提高壶温。温壶之水随之倒入茶船，即茶盘，以便继温壶底。

入茶。要用茶匙、漏斗，不用手抓，以防手气影响茶味。所用茶，一般是乌龙茶，尤以铁观音更为名贵。茶之量约占壶容积的 2/3，甚至满溢。其量之大，令人咂舌。

润茶。入茶后，即冲茶，讲究"高冲"，在茶壶上方 5寸至 8 寸高，将开水猛冲入壶，令茶在壶中翻滚，溢出杂质。随之，这壶水再倒入茶船。

泡茶。再冲入开水，撇去浮沫，盖上茶盖。这是第一道泡茶，为使茶壶内茶受热均匀，并保持稳定的温度，还要用开水在壶上浇淋，谓之"浇壶"。也有的用块洁净的毛巾浇上开水，覆于壶上。

炒茶

《品茶图》（局部）【明】陈洪绶 绘

　　茶泡好之后，主人就为客斟茶。斟茶也有讲究：

　　运壶。斟之先，用拇指和中指捏住壶把手，提起茶壶，沿着茶船船沿，悠然运行数周，目的是让壶底上的水滴入茶船，免得斟茶时滴入茶盅，有名曰："游山玩水。"

　　斟茶。工夫茶讲究"高冲低斟"，即将大小仅容一杏的茶盅，一字排开让壶嘴贴着盅面依次轮转着斟，令盅面的茶汤均匀，以体现一种公允、平等的精神。这有名堂，叫"关公巡城"。茶汤快斟完时，用食指将壶盖轻轻移动，让茶汤一滴滴滴完为止。这名曰"韩信点兵"。

　　茶斟好了，主人将第一杯茶端起，恭恭敬敬地献给座上位于首席的长者。名曰"敬茶"。之后，众客举杯，以向主人表示敬意。然后，观茶色，闻茶香，细啜慢品，再三玩味。但见茶兴大发者，手捏茶盅，腾挪于鼻唇间，双目微闭，如痴如醉，仿佛坐禅入定，外界万物全然不觉了。据说，不入其境，不解个中韵味，实乃一种超然的艺术享受呢！这需要有品茶的工夫。大概工夫茶得名与此不无关系吧！

中国品茶艺术，从陆羽的煎茶、五代的分茶、宋元的斗茶，以及明清的瀹茶与工夫茶，虽各有仪轨和特点，但注重艺术性这点是相通的。分茶、斗茶，注重游艺，其艺术性可说是外在的。瀹茶与工夫茶，则注重鉴赏工夫，注重心灵的净化，颇似面壁参禅，其艺术性则偏重于内在了。这和"和敬寂静"的日本茶道精神可说是相通的。这大概同中日茶艺都以儒文化与禅文化为背景有密切关系吧！

（郭伯南）

当今中国酒的品种数以千计，大致可分为白酒、黄酒、果酒、药酒、啤酒五大类，历史各有短长，起源也不尽相同。

5万年前的先民就能喝到酒?

这里所说的"醉猿"，并不是动物界中的"猿"，而是距今5万年的古人类"猿人"的"猿"。它是1954年，在江苏省泗洪县双沟镇下草湾发现的，仅出土一段股骨，被称为"下草湾人"。因其出土地点是名酒之乡，又在双沟大曲酒厂附近，故而双沟大曲得了这么个风雅的称号。5万年前的先民能喝到酒吗? 又何以能醉呢? 这就是我们先要探讨的第一个问题。

据明代的《篷栊夜话》记载："黄山多猿猱，春夏杂采花果于石洼中，酝酿成酒，香溢四发，闻数百步。"黄山猴子有了酒喝，不就有可能成了真的"醉猿"了吗?

无独有偶，广西西江流域的大山中，多有"猿"酒。清代的《粤西偶记》载："平乐等府山中，猿猴极多，喜采百花酿酒。樵子入山得其巢穴，其酒多至数石，饮之香美异常。曰猿酒。"

明清人的笔记都说猴子能采果酿酒，"香溢四发""香美异常"。然而，这些总是隔代之谈，那些记录有几分可靠，不能不令人心存疑窦。如说古代猴子会酿酒，那么，今世的猴子也当会酿酒啊！可是，近代却不曾闻。令人欣然的是，从黄山透露出一则信息，那里发现了"猴儿酒"。这信息是鲍杰先生在《黄山猴趣》一文中透露的，该文刊于1985年10月9日《安徽日报》的《繁花》副刊上。其文曰：

"有一年，我同老画家程笑天一起游黄山的皮篷峰，那里峰高、峦险、谷深。程老是黄山人，他说，在这里我们用心找找，也许能找到猴儿酒。此酒既能解渴，又能补身。于是，我四处寻觅，在一处草窝下，发现有一泓用大石板盖着的黄澄澄的水，酒香扑鼻。程老尝了尝，连声说道：'猴儿酒，肯定是猴儿酒！'我用手捧着喝了一口，果然酒很香，且甜而微酸，仿佛橘子水、柠檬汁似的，喝来爽口、解渴。"

猴子酿酒，那只不过是"无心插柳柳成荫"罢了！猴子和猿都可能饮多了这种天然发酵酿成的果酒而成为"醉猴""醉猿"，但它们不大可能有

《猿猴摘果图》【宋】佚名 绘

意识、有目的地酿酒。然而，这事给人以启示，远古时代，猿人有目的地采果酿酒却是有可能的。因之，有的学者据以推断，含糖果物酿酒，起源于人类的童年，那就不只五六万年，可能有数百万年的历史了！

天然果酒的历史虽然十分悠久，可是果酒的酿造在中国酿酒史上却很不发达。古埃及人早在5000多年前已酿成葡萄酒；西方传说酒神狄俄尼索斯也早在4000多年以前到处传授葡萄酿酒的技术。但是，中国是在丝路凿通之后，2000多年前，才喝到从西域进口的葡萄酒。"想象"与"历史"竟相距如此之远！

新石器时代能大规模酿酒？

在古代的中国，谷物酿酒相当发达。它始于何时呢？晋人江统的《酒诰》对此做了回答："酒之所兴，肇自上皇，成于帝女，一曰杜康。有饭不尽，委之空桑，积郁成味，久蓄气芳。"

谷物成酒，源于剩饭发酵的见解，是很有见地的。谈及起源的时代，江统认为"肇自上皇"。上皇，也就是上帝、天皇。相传"天地初立，有天皇氏……兄弟12人；各立18000岁"。换言之，酒是从开天辟地、有了人类以来就有了。原因很简单，有人就要吃饭，有了剩饭，就有了酒。前述一些学者对果酒始于猿人时代的推断，与这位古人的见解却是不谋而合的，都认为世上从有人类起就有酒了。

可是，历史已经提示，中国的人类史若以巫山猿人计始，已有200多万年。先民以谷物为食，若以原始农业兴起计始，只有万年左右，比之"上皇""猿人"都晚得多呢！

谷物酿酒究竟出现于何时呢？

目前知道，黄河流域最早种植的谷物是可以碾出小米的粟，至少有8000多年的历史；长江流域最早种植的谷物是可加工为大米的稻，至少也有10000多年的历史。也就是说，谷物酿酒的基本条件大约在10000年以

宗之瀟灑
美少年舉
觴白眼望
青天皎如
玉樹臨風
前

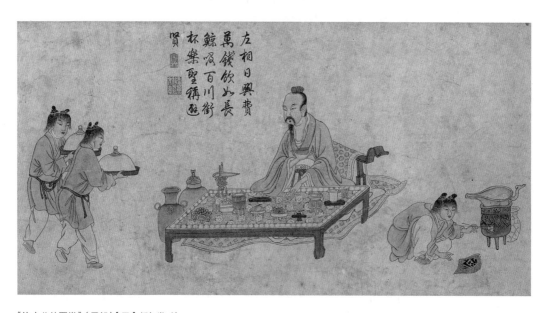

左相日興費
萬錢飲如長
鯨吸百川銜
杯樂聖稱避
賢

《饮中八仙图卷》（局部）【元】任仁发 绘

前已经具备了。

有了谷物，是否就已有谷物酿酒呢？考古发现，已确然回答了这个问题。在黄河下游的原始文化（大汶口文化和龙山文化）遗存中，都发现有大批酒器。1979年，在山东莒县陵阳河的一处距今4800年前的墓葬中，发现了一组成套的酿酒陶器。有谷物发酵的大口陶尊、过滤用的漏缸、接酒用的陶盆、储酒用的陶瓮、温酒用的陶鬶以及饮酒用的觚形陶杯和高柄陶杯。在滤酒的陶缸上还刻画了滤酒的图像。考古工作者还报告说，在泰山脚下、大汶口河畔发现的大汶口遗址，出土酒器多达268件，占出土器物总数的26.4%。因而可知，早在五六千年以前，黄河下游的先民不但已知酿酒，而且酒类在其生活中已占有相当重要的地位。这已不是酿酒的原始情况，而是酿酒已具相当规模了。

长江下游浙江余姚河姆渡原始文化遗存中，在发现大量谷物的同时，也发现了酒具，有温酒的陶鬶、斟酒的陶盉、饮酒的陶杯。考古学家经再三研究，断定这是中国目前所发现得最早的酒具。若是这一鉴定无误，江南以谷物酿酒的历史至少也有7000多年了！

不难推想，谷物酿酒之始，当比这些专用酒具的出现还要早些。如果说谷物酿酒是在原始农业兴起之后即随之出现的话，那么，距今当有10000年左右了。

商代有微生物酿酒技术？

酿酒用曲，是中国古代发现和利用微生物的一大科技成就，也是对世界酿造技术的一大贡献。

谷物成酒，要经过糖化和酒化两个过程。酒曲，不仅有富于糖化力的丝状菌毛霉，而且有加速谷物酒化的酵母。以曲酿酒，是将两个过程合而为一，同时进行，故又称"复式发酵法"。

这种方法在 19 世纪传入欧洲，广泛应用于酒精工业，称为"淀粉发酵法"。

中国何时开始使用酒曲酿酒呢？

据历史文献上讲，早在商代武丁以前就有了。《尚书·商书》中就记载，商王武丁有一次对新从奴隶中选拔出来的宰辅傅说说："若作酒醴，尔帷曲蘖；若作和羹，尔帷盐梅。"意思是，我们要彼此密切合作，"我若作甜酒，你就是那酒曲；我若作羹汤，你就是那调味的咸盐和酸梅"。武丁能用酒与曲的关系打比喻，说明在武丁之前很早就能用曲酿酒了。有趣的是，在河南省罗山县天湖村的商代息国贵族墓中，出土有三件青铜卣，一为云雷纹，一为夔纹，一为鸮形，这三个铜卣，都密封良好，经钻探取样，确知卣中都藏有甜酒与香酒，距今已有 3200 多年。这消息一发布，即被吉尼斯世界纪录认定为"世界上最沉的酒"。

特别值得一提的是，1973 年，在河北省藁城县台西发现了一处商代酿酒作坊，出土有一套酿酒器具，还发现了大量的酒曲。酒曲出土时呈灰白色，为水垢状的沉淀物。经中国科学院微生物研究所鉴定，确证是人工培植的酵母残壳。距今已有 3400 年左右，比武丁的时代还早200 年！

商代嵌绿松石象牙杯
河南安阳殷墟妇好墓出土，当时的饮酒器

中国的酒神为何为女性？

如前所述，谷物酿酒的历史可能已有上万年，酒曲的使用只有3200—4000年。人或问，在酒曲发明之前，又是如何酿酒的呢？根据民俗调查资料知道，在古时还不知以曲酿酒的时代，先民曾广泛采用"嚼米为酒"的方法，即以唾液促使谷物糖化，进而酒化。

清人郁永清在《稗海纪游》中记载，台湾有高山族，"其酿酒法，聚男女老幼嚼米，纳筒中，数日成酒。饮时入清泉和之"。

这种酿酒方法，虽然男女老幼都能参加，可是主要任务还是由妇女承担。明人陈继儒《偃曝谈余》中记载："琉球造酒，则以水渍米，越宿，令妇人口嚼手搓，取汁为之，名曰米奇。"说到"妇人口嚼手搓"，不禁令人想起中国酒神帝女。江统《酒诰》不是说，酒之所兴，肇自上皇，"成于帝女"吗？帝女是何许人也？

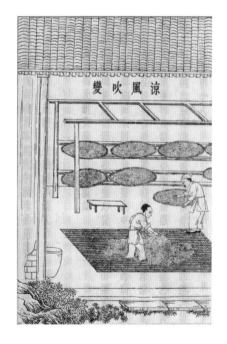

《天工开物》中的制酒工艺图

《战国策》等古籍记载："帝女仪狄作酒而美，进之禹，禹饮而甘之。"

因此知道，帝女叫仪狄，是和禹同时代的人，堪称4000多年以前一位善于酿造甜酒的女专家。有人说她是大禹的女儿，也有人说她是黄帝的女儿，莫衷一是，也无文献可证。但认为她是女性，这是一致的。

从而，我们又想起，西周王家的酿酒机构中，掌握酿酒技术的也多是女性。《周礼》载："酒人，奄10人，女酒30人，奚300人。"在这有340人的酿酒作坊中，奄即宦者，也是管理者；奚是干粗重活的女奴；女酒是善于酿酒的女技术员。据专家注释，奄在当时仍为生理正常的男性，并未受到阉割，只是因他们和女酒、女奴一起从事造酒，才用这个缺少了男性特色的名称来称呼他们。从而佐证，古来就认为酿酒主要是妇女的事。

有意思的是，至今我国南方家庭还多有自酿米酒为饮料的风习，而酿酒能手，大多是家庭主妇。这也就是为什么西方的酒神为男性，而东方中国的酒神帝女为女性的缘故吧！

这里还要说明，这位女神创造的是米酒。《世本》曰："仪狄始作酒醴。"酒醴，今称醪糟，即米酒，也就是以糯米为原料的黄酒的前身。因之，酿酒家称黄酒为"国酒"，声称其历史始自仪狄，有四五千年了！

酿酒与炼丹有什么关系？

可是，中国还有一位男性酒神，名曰杜康。早在三国时代，雄主曹操在《短歌行》中就唱道："慨当以慷，忧思

难忘。何以解忧，唯有杜康。"

在这里"杜康"已成为"美酒"的代称了。

杜康是何时人？说法不一。有的说他是西周人，也有的说他是大禹的五代孙少康。杜康是否是少康？或存疑议，但《世本》《说文解字》等古籍，都说"少康作秫酒""杜康作秫酒"，因此"作秫酒"这一点杜康、少康是一致的。

秫，是一种黏性的高粱。"作秫酒"，即用高粱做酒。高粱酒可以说是白酒的前身。由是，有人推断杜康是高粱大曲的创始者，或烧酒的创始人。这一推断似有道理，却又值得商榷。

中国在 5000 年前已广泛种植高粱，这在河南、山西、甘肃等地出土的遗物中得到了证实。如果说在 4000 年前后，先民已制成秫酒，是有可能的，也是可信的。当时或已有曲，以曲制秫酒，或可称之为高粱大曲，但却未有实物可证。如今中国制作烧酒的酒家，多崇拜杜康，奉之若神。但是，若说他是烧酒的发明者，那就有悖于历史事实了。

中国何时有烧酒，即蒸馏酒，也就是白酒？

从唐诗中，我们知道，唐时已有"烧酒"一词，但实际上并非"烧酒"，其色或为"鹅黄"，或呈红色，实为未加蒸馏的酒。如杜甫诗句："鹅儿黄似酒，对酒爱新鹅。"又如白居易诗句："荔枝初熟鸡冠色，烧酒初开琥珀香。"

白氏所用"烧酒"一词，显然是指以火温酒，与后世作为蒸馏酒名称的"烧酒"风马牛不相及。实际上唐代还没有烧酒。

明人李时珍《本草纲目》中说："烧酒非古法也，自元开始创其法。"元人称之为"汗酒"，也有人称"阿剌古酒"，并赋诗曰："年深始得汗酒法，以一当十味且浓。"这才是"烧酒"，也称叫"汽酒"，即蒸馏酒。

但是，《本草纲目》关于烧酒始于元的说法也不足为凭，因为早在南宋成书的《丹房须知》《游宦记闻》等书中，已记有多种类型完善的蒸馏酒锅了。

1975 年，河北省青龙县西山咀村的一处遗址中，出土一套完整的铜制烧酒锅，为金代遗物，最迟不晚于公元 1161 年。有些研究者认为，从这烧锅的形制与原理皆与中国古代炼丹所用器具相类似来分析，它不是从域外传入的，而是在中国古代炼丹术的基础上发展而成。它的年代比之中国烧酒元代始从西方传入的说法要早上百年。换句话说，宋、金人喝上烧酒的时候，蒙古帝国的创始者成吉思汗还未出生呢！

（郭伯南）

中国民谚曰："每日开门七件事，柴米油盐酱醋茶。"意为酱是日常生活不可缺少的东西之一。酒与酱，是古代先民巧妙利用微生物创制出来的两类美味佳品。古往今来，东方人才既知酿酒，也善做酱，创造了悠久的独步世界的酱文化。

要谈中国酱文化，就不能不提到孔老夫子。孔老夫子曾说："鲙不厌细"，"不得其酱不食"。（《论语·乡党》）大意是，要吃生鱼肉，切得越细越好，但是，若没有合适的酱，我是不吃的。请看，这位儒坛宗祖对于吃酱，是很讲究的。令人生趣的是，在孔子创儒学之后，历2000余年，在东方形成了儒文化圈。同时，在世界饮食文化的版图上，这个儒文化圈又恰恰是个酱文化圈。

酱在古代的地位有多高？

我们今日说酱，不言而喻是指豆麦米面经发酵而制成的调料，如大酱、甜面酱等。同时，也可指鱼肉蔬果捣烂而制成的食品，如鱼子酱、水果酱。但在先秦，如不加限定地只说"酱"，或"酱醢"，则是对调味诸品的总称，或泛称。如《周礼》上说："献熟食者，操酱醢。"酱醢，就

彩绘窃曲纹漆豆

几何纹青铜长柄豆
豆是古人盛放肉酱的器皿

是调味品的泛称。

"酱"的古字"醬",从肉(月),从酉,因做酱要用肉、放酒,其"爿"是音符,其音读为 pán,古与"将"音相近。

酱,何以名"将"呢?据古人说,在古代如盐、梅、醯(醋)、醢(肉、鱼等制的酱)各种调味料中,酱总是居于主导地位。如食鲙,就少不了芥酱,即芥末泥。这就是孔子所说的"不得其酱不食"的"酱"。如吃煮熊掌,就得有芍药酱。这像今日北京吃烤鸭,得有甜面酱。若换成豆瓣酱、果子酱,那风味就迥然不同了。正因此,古人说"酱者,百味之将帅,帅百味而行",大概酱是由之而得名的吧!

先秦的酱,品种很多,号称"百酱"。除蔬果之酱而外,主要的是鱼酱和肉酱。

鱼酱,早在春秋时代,就已成为商品。中国商人尊祖的陶朱公范蠡,他的老师计然,在其《计然》一书中就谈及贩酱东海的价格,酱三等,每斤上价 200 钱,中价百钱,下价 30 钱,下价相当于一石小麦的价格。

肉酱,大凡瘦肉都可做酱。方法是将肉制成肉干,剁成末,放入曲、盐、美酒,置于坛中密封,经百日而成。古人多以鹿肉制酱,西周以降,相沿不衰。

在先秦,酱是从天子、贵族到士大夫的重要食品。无论祭神、祀祖、宴宾、燕享,以及日常饮食,几案上都少不了酱。因而形成了相当繁杂的与酱有关的礼仪和风俗。

酱与肉,被视为养老、敬老的不可缺少之物。每年在京都最高学府辟雍招待德高望重的老人的宴会上,天子袒胸为老人们分肉,亲自"执酱而馈"。这在古代已成为一

种礼仪。

　　有趣的是,新婚的花烛之夜,洞房中也摆上一豆(高脚盘)酱,一豆醢,新郎新娘共进晚餐时,谁要是拿起肉来只蘸酱吃,或只蘸醢吃,那就犯了忌讳。聪明知礼的新人,就要将两豆合为一豆,醢酱相合,共同佐食。这象征夫妻融洽,百年和睦。

古代制酱起源于何时?

　　接着说中国什么时候有酱的。

　　肉酱,肯定在商末已经有了。相传纣王残暴,曾"醢九侯""脯鄂侯"。就是将九侯剁成了肉酱,把鄂侯割成了肉条,晒了肉干。试想,那时的御厨中如还不知做"醢""脯",纣王也不可能凭空想出如此酷刑吧!

　　鱼酱,在夏末商初也有了。相传烹调之圣伊尹,见夏将亡,去见汤,无以为由,就制作了天鹅之羹、乌鳢之酱,献给汤,从而以烹调之术喻治国之道,以说汤,被汤任命

为宰相。《逸周书》则说："伊尹受命于汤，赐乌鲗之酱。"且不管是伊尹所献，还是汤王所赐，都谈到乌鲗之酱。乌鲗，也就是"乌贼"，即墨鱼。墨鱼酱在西汉时，仍被认为是多种鱼肉酱中最为名贵的。可以说，这是见诸文献的最早的鱼酱名称了。

鱼肉酱，或许在原始社会就已被创制出来，只是未见记述罢了。在考古中，发现有类似今之泡菜坛的陶器，名曰双领罐，口外有盘状沿，扣上个碗，就可以加水密封，用以制肉酱、做糟鱼都是很适用的。这种陶器，汉代就有，往上可以追溯到古蜀文化，年限相当于夏代。这种双领陶器若确为制酱之器，那么，鱼肉酱就约有史 4000 年了。

但是，目前尚无证据可以说先秦已有豆酱。豆酱可靠的历史，最多不过 2200 年！

令人费解的是，似乎秦始皇还不知道豆酱是什么味道，可到了汉武帝时代，制酱业勃然兴起，竟与酿酒业并驾齐驱，成为重要的食品业了。《史记·货殖列传》说，在一些通都大邑，酒与酱的年销量都很可观。酒商酱商之富，可比千乘之家。

《史记》中谈到的"酱"，是什么"酱"呢？史无明书。同时代有书名"急就篇"，是古代儿童识字课本，其中有句曰"盐豉醯酢酱"。唐代学者颜师古解释说：用剔骨肉做的肉酱，叫"醢"；"用豆合面而为之"的豆面酱，叫"酱"。

1973 年，在湖南长沙马王堆汉墓中，出土大批随葬的食物，食物的名称、数量，记载于遣策竹简上。因其为首次发现的汉代食简，故被称为《西汉第一食简》，其中记有"肉酱""马酱"，另外还单独记有一名"酱"。如果，

【晚唐】莫高窟第 12 窟婚宴图

· 119 ·

也可以颜氏之说释此"酱"字，那么，中国豆面酱的创制，就可以上溯到这汉墓的男主人利仓的卒年以前，即公元前193年以前了。

西汉时已有豆面酱的解释和推断，应当说是有道理的；然而，若说豆面酱见之于东汉，那就证据确凿了。

崔寔所著《四民月令》，已记录有制豆酱的节令和方法。曰："正月，可作诸酱。上旬炒豆，中庚煮之，以碎豆作末都。"其法是先炒后煮，再发酵。这种方法所做的酱，香气浓郁，风味好。这是有关炒豆法做豆酱的最早记述。

《四民月令》中说"作诸酱"，"诸"表示多之意。可知，当时所制的酱有许多品种。仅知有关豆类的酱，粗计至少有3种。

一为菽酱。桓谭文章中曾譬喻说"菽酱若蜻蛉"。"菽"是豆类的总称。"蜻蛉"是天牛一类的幼虫。从这个比喻可知，菽酱是豆瓣酱。菽酱是有关大酱的最古老的名称。东汉王充的《论衡》一书载："作豆酱，恶闻雷。"这是有关"豆酱"一词的最早记述。

一为末都。末都，是以碎豆屑制成，可知是豆末酱。至今，在北方乡间，仍有用黑豆，炒后，磨成豆末，做豆末酱的。其酱色黑，故称"黑酱"。其酱细腻，不同于豆瓣酱，故又称"面酱""小酱"。不直接食用，只做烹调时的调料。

一为清酱。这当是用豆面制成的稀酱。至今有些地方称酱油为"清酱"。汉代的"清酱"，并非今之酱油。

《七步诗》蕴藏着豉汁的制作方法？

豉汁，也称豉清，或豉油。豉汁，在魏晋南北朝时，曾广泛用于烹调，可以说是一种类似酱油的液态调料，可它还不是酱油。酱油，是从酱醅中提取出来的；豉汁，则是用豆豉煮的。其料同为豆，其制法不尽相同，其风味也有差异。

豉在中国始于何时？

唐经学家颜师古说先秦已有，《楚辞》中有"大苦"之名，即"豉"也。可是同时代的学者孔颖达曾加以考证，然后断言，"先秦文献中，《礼记·内则》《楚辞·招魂》，备论饮食，言不及豉"；在西汉，"史游《急就篇》，乃有'芜荑盐豉'"，因而，他认为豆豉"盖秦汉以来始为之耳"。

豆豉的发展也和豆酱的发展类似，其速度之快令人吃惊。先秦似乎还没有"豉"字，西汉中期豆豉业兴起，像酿酒、制酱同样发达了。在商业兴旺的城邑，豉的年销量也多达千斛。当时吃豉如吃盐，故"盐豉"并称。商人将盐与豉一起卖，一斗盐一斗豉，合称"一合"，即两者合一的意思。

"豉"字最早也出现在《西汉第一食简》上。现代考古也发现，与食简同出的有一陶罐豆豉，虽在地下埋藏了 2200 年之久，其豉、豆仍依稀可辨。"豉汁"，则始见于东汉末刘熙所著的《释名》。《释名》称豉汁，为五味之调和者。谈起烤肉时，说要将肉用糖蜜、豉汁先腌一腌。显然，古人使用酱豉和今人使用酱油的方法很类似。在汉魏两晋南北朝的食谱里，凡今日用酱油者，古人则多用豉汁，其例甚多。

制作豉汁的方法，也很像今日制作酱油。

《文会图》（局部）
【北宋】赵佶 绘

三国时，文学家曹植有首《七步诗》，以萁豆相煎，暗喻兄弟相残，非常有名，然而，少有人注意，这诗就是说的豉汁制造法。原诗的古老版本是六句："煮豆持作羹，漉豉以为汁。萁在釜下然，豆在釜中泣。本是同根生，相煎何太急。"

诗意是，先以水煮豆豉，剩下豉汁。再用温火慢煎，令豉汁稀浓适度。这样煎出的豉汁，其色、其味，就与今之酱油相近了。

豉汁毕竟不是酱油，酱油也有史 2000 年。其发展，今从其历代名称的演变可以略窥大概。

东汉后期，已有"清酱"之名（崔寔《四民月令》），其名重在"酱"字，冠以"清"字，以区别于"浊"酱。然而，它终未脱离稀酱的形态，最多不过是从酱中渗出、浮于酱上的清汁，无论清浊，仍名之曰"酱"，还算不上真正意义上的酱油。

两晋南北朝及于唐宋，酱油被称为"豆酱汁"，或"豆酱清"，或简称之"酱汁""酱清"。也有称"香酱清"的。其名重在"汁""清"。这表明，酱汁已从酱中分离出来，以液态独立存在了。然而，酱汁或酱清，只不过是酱的副产品。

明清时，它被称为"豆油"、"酱油"或"豆酱油"。这些名称，重在"油"字。"酱汁"与"酱油"，虽只是一字之差，然而，它却是酱油已发展到成熟期的反映。酱油，从技术到产品，都已脱离母体而独立问世了。

由近代到现代，古老的酱坊，多已改称"酱油厂"，酱油在人们生活中的地位比豆酱日益重要。酱油的品种、

《洛神赋》（局部）
【东晋】顾恺之 绘
洛神即将离去，曹植强忍悲痛

名目也多不胜数，远非昔比。

最后，说说大酱汤。中国虽是酱之故国，国人却没有喝酱汤的风俗。"大酱汤"纯属日本的酱文化。日本人喝酱汤，据日本文献考证，始于镰仓时代（1192—1333）。这里值得一提的是，早在镰仓幕府建立之前，日本人喝酱汤就已为中国人知道了。《佩文韵府·红酱》引了两句诗："能营野饭羹红酱，渡水何辞数访寻。"

"羹红酱"，即用红酱做的酱汤。中国古今酱名有几百种，却无"红酱"。在日本，煮豆做成的酱，名"白酱"。蒸豆做成的酱，名"红酱"。至今，日本关西喜食白酱，关东喜食红酱。

这首诗，是北宋僧人惠洪（1071—1128）的作品，他写在一位叫圆证大师的房壁上。从诗意看，圆证大师曾数次"渡水"来到中国求法，从喜食红酱汤看，他不但是日本僧人，其原籍有可能是关东人。从鉴真将大酱传入日本，经300余年，圆证又背负"红酱"来到中国，可以说，这是中国和日本酱文化交流史上的一段佳话。

（郭伯南）

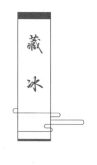

藏冰

盛夏酷暑，来块冰砖，或来杯冰激凌，清凉解渴，多么称心如意！世界上是何时有藏冰的，冷饮始于何时？或以为这不过是近代以来的事，或以为最多不过几百年。其实，藏冰在东方，已有史几千年了！

古代如何藏冰？

谈及藏冰，一般就引用《诗经·七月》里"凿冰冲冲""纳之凌阴"的诗句。它佐证了中国的藏冰史同《诗经》同样古老，约有 3000 年了。

同时，也往往谈及《周礼》中的"凌人"。这是周天子的掌管冰务的机构，编制有 94 人。其中包括 2 个负责人，叫"下士"；2 个行政秘书，叫"府"；2 个文书，叫"史"；8 个领班的班长，叫"胥"；每班 10 个劳动力，共 80 人，叫"徒"。冬季藏冰时，人手不够用，还要动用管理山林的大批人力，"取之""传之""藏之"。从这个常设的机构看，就不难想见当时的藏冰规模了。

周天子藏冰的"凌阴"（冰窖）是什么样子，考古尚未发现，但却在陕西凤翔发现了春秋时秦国君主的凌阴，距今有 2500—2600 年。可以说，这是世界上已知最古老的冰窖了！

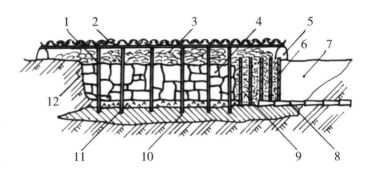

凌阴剖面图
1. 网柱；2. 屋面；3. 草荐；4. 冰块；5. 檐墙；6. 槽门；7. 入门；8. 排水管；9. 稻糠；10. 夯土层；11. 铺设片岩层；12. 生土层

《济公图》（局部）【清】王震 绘

这个"凌阴"，挖在一个夯土台基（东西16.5米，南北17.1米）的中央。深约2米，窖穴上大（10米×11.4米）下小（8.5米×9米）。窖穴四周的夯土形成隔温墙，平均厚度约3米。窖上有瓦顶建筑，还附有华丽的青铜构件。窖底铺有岩板，窖口开在西墙，设有五道可以起落的闸门。闸门之下铺有陶制的排水管道，可将消融的冰水排到附近的一条小河里。冰窖的四周及闸门之间，有大量腐殖质，可能是用麦草做保温层的残迹。这冰窖的设计是相当合理的，与北京几十年前所用冰窖大同小异。据计算，这个窖可藏冰190立方米。古制规定，藏冰的数量是实际用冰数的3倍。那么，可用冰当为60多立方米。

古代藏冰、启冰，是有节令的。夏历十二月开始凿冰，正月藏冰完毕，三月就开始启用。

藏冰时，要祭司寒之神。祭品要用黑色的公羊和黑色的黍子。羊黍何以用黑色？寒气来自北方，司寒之神就是北方之神。北方的土是黑色的，北方的神也是黑色的，故称"玄冥"。不知怎么，在清朝末年的窖神殿里，供奉起济颠僧来。这个生于南宋的疯疯癫癫的穷和尚，喜欢吃狗肉，喝烧酒，也特别爱怜穷苦人。因之，在旧社会，砖窑、煤窑、冰窖、杠房、轿子铺等行业，均奉其为保护神。

启冰时还要献礼。献礼不用黑羊、黑黍，改用羔羊、韭菜，这在春寒料峭的时节也是难得的美味。在冰窖的出口，还要挂上桃木弓、荆棘箭，以辟鬼邪，消灾除难。启冰后，最先取出的冰，天子都不能享用，要盛于祭盘，捧到太庙的寝殿，由天子献给祖宗。

周代的藏冰，从技术到礼仪，都相当完善。在周之先，中国还有无藏冰历史呢？

商代当有藏冰制度，可却未见记载。十几万片甲骨卜辞中，也没透露一点信息，连"凌""冰"的字也没有，殷墟有不少窖穴，或圆或方，小的仅可容人，大的直径达 7 米以上。这些窖穴之中有无可能是用以藏冰的"凌阴"呢？可惜，发掘者均未做出明晰判断。然而，令人欣喜的是，1980 年发现了商代的比文字和凌阴更为可靠的藏冰物证——两件青铜凌穿。其较大一件长 13.8 厘米，距今 3200 多年。其形制几乎与今日所用冰穿没有什么不同。从专门用青铜铸造取冰工具来看，显然，商代已有了长期的藏冰史。

曾侯乙铜冰鉴

这青铜凌穿，不是商王的，也不出之殷墟，而是殷之方国息人的，出土于河南省罗山县的天湖村。或许那凌穿的主人就是息国的凌人呢！从而可知，商代藏冰已不限于商王，诸侯小国也有凌阴了。

商以前的夏王朝有无藏冰呢？相传是孔子发现的夏历《夏小正》中曾有记载，说每年三月，国王要给大夫分发冰块，曰"颁冰"。过去有人认为，这书中的记载不尽可信。但从商代小诸侯国都有藏冰工具看，夏有藏冰的记载，当是可信的。如果这一推想无误，中国的藏冰史就和中国历

史同样古老，至少有 4000 多年了。

古代的"冰箱"长啥样？

古代的藏冰，用途虽有很多，但主要还是用于食物的冷藏，保鲜防腐。凌阴是储冰之所，不是冷藏的地方。宫廷中特设有冰厨，也即冷库。冰厨设于地面下，也可叫地下冷藏室。室内多挖有冰井，井内用陶制井圈叠套成井壁，下有与井的直径同大的陶鉴作为井底，堪称相当清洁的陶制大冰箱。

这种宫廷冰厨，在河南省新郑县城西北的阁老村曾有发现。冰厨内并排有五个井，出土有大量猪、牛、羊、鸡的残骨。陶器上有文字标明"左厨""宫厨史"等。可知，这是战国时代韩国的宫廷冰厨和冰井。类似的冰井遗物陶井圈，在秦、楚、燕、赵等国故地也多有发现。根据文献

曾侯乙铜冰鉴剖面图

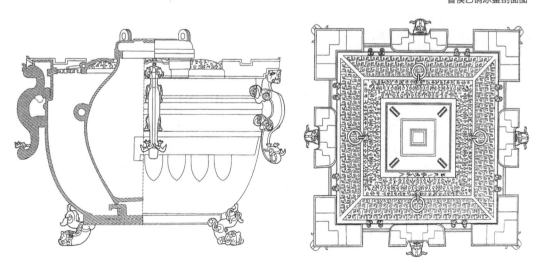

记载，这种冷藏室不仅黄河流域的诸侯国有，就是长江下游，以炎热著称的吴越也有。《越绝书》记载，吴王阖闾的"冰室"，在"吴阊门外"，即苏州西门外。越王勾践有"冰厨"，在"会稽东门外"，即绍兴城东。

吴王阖闾的"冰室"，今已不存。可是，考古却发现了他儿子吴王夫差的青铜冰鉴（高44.8厘米，口径76.5厘米，底径47.2厘米），即冷藏食物的大冰盆，比今之大澡盆不小。这是宫厨中用以冰藏少量待用食品的。

先秦的冰鉴出土很多，最著名的是曾侯乙铜冰鉴，共有两个，不作盆状，而是方箱形（高61.5厘米，长宽均为76厘米）。这冰鉴是有盖的。冰鉴当中置有一方壶。鉴的盖是中空的，呈"回"字形，盖上鉴盖，方壶的壶盖

《消夏图》【元】刘贯道 绘
画面左下方三弯腿带束腰的四足小几上摆着冰镇果盘

恰好从那中空处露出，设计巧妙，应用方便。曾侯乙铜冰鉴雕铸极精。它是中国藏冰史上罕见的瑰宝，可能也是世界上经过精心设计的最古老的青铜冰箱。

冰鉴中的方壶，显然是放酒的。鉴与壶间的空隙是放冰镇酒的。《楚辞·招魂》篇有"挫糟冻酒，耐清凉兮"之句，郭沫若翻译为"冰冻甜酒，满杯进口真清凉"。这诗句是中国文献上有关冰镇酒的最早记述，距今约有2300年。而曾侯乙冰镇酒的特制冰箱，距今至少已有2400多年。有理由认为，中国的冷饮史应当比它还要早得多！

活动的冰船，不知始于何时，但知沿海渔民，早就在冬季藏冰，以供夏季出海冷冻鲜鱼，有名曰"冰鲜船"。明朝万历年间，诗人即有诗曰："六月鲥鱼带雪寒，三千里路到长安。"江南鲥鱼，六月天气，历三千里，运到京城，其所用工具，即"炎天冰雪护江船"的冰船。

冰激凌起源于中国？

谈到冷食，似乎不能不说及威尼斯人的故事。1553年，意法联姻，威尼斯人利用法国未来国王亨利二世来意大利举行为期34天婚礼的良机，向西欧各国来的贵宾展示了他们一种精美的冷食，一种用奶制成的半冰冻的甜点心。这种冷点清爽可口，赢得了客人的赞誉，也引起客人的兴趣，想知道其制作方法。然而，威尼斯人笑而不答，因那方法是绝对保密的。这种冷点，就是今日已行销寰宇的"冰激凌"。

冰激凌在相当长的时期内，成了意大利的专利。甚至，英国查理二世流亡到欧洲大陆还曾特别提出要尝一下冰激凌

呢！后来，这项专利才随意大利的移民传到了巴黎和伦敦。

冰激凌是谁发明的？在意大利，有人说是 14 世纪初期一个叫邦塔伦蒂的人独立发明的。也有人说，早在古罗马时代，奴隶从阿尔卑斯山往都城运冰的途中，将果酱加入雪中，混合起来，发明了冰激凌。另外，也有人认为，1295 年，马可·波罗将冰激凌制法从中国带回威尼斯。

日本医学杂志《日新治疗》曾著文称：冰激凌原是元朝宫廷冷食，普通人不得制作。马可·波罗要离开中国时，元世祖忽必烈却将制法透露给他。马可·波罗回到家乡，又把它献给了意大利王室，从而，将冰激凌传入欧洲。

西方和东方，都有人说冰激凌始于中国，认为始于元代宫廷，是御用食品。这话有多少根据呢？

"冰激凌"原英文译文，前一个词是"冰"，后一个词为"奶油"，故也有翻译为"冰奶"的。元廷确有一种冰冻的奶食，名"冰酪"。元人陈基有两句诗曰："色映金盘分处近，恩兼冰酪赐来初。"

陈基是元朝顺帝时人，官至经筵检讨，就是为皇帝讲解经史的教师。诗意是说，他初次给皇帝讲经，就受到赐食"冰酪"的恩典。冰酪盛于金盘，黄白相映，色泽鲜明。赐食的地方离圣上很近，这真是难得的殊荣啊！

冰酪虽为元代宫廷冷食，可不自元代始，早在宋代就有了。北宋诗人杨万里曾有咏冰酪的诗句："似腻还成爽，如凝又似飘。玉来盘底碎，雪向日冰消。"诗意是，冰酪看起来是腻口的，可吃到嘴里却令人口爽；看上去是凝固的，可到了嘴里却飘乎乎、软绵绵的。刚取出的冰酪，像块玉石，可往盘中一放就碎了，要赶快吃，不然，一会儿

《冰嬉图》（局部）
【清】张为邦 姚文瀚 合绘
画卷描绘了清代宫内盛大的冰嬉活动

唐章怀太子墓壁画
侍女手捧插着花朵的"冰酥","冰酥"
是由奶凝固后加热融化，滴在盘子上形
成"山峦"的模样，再放入冰窟中冷冻
而成

就会像春雪见到太阳似的消融了。

诗人梅尧臣的诗作中，还提到一种冰冻奶食，叫"冰酥"。大概，南宋时的"冰酪"，在北宋时称为"冰酥"。如此说无误，中国的冰冻奶食，已有千年历史了。

宋代的冰酪、冰酥，是否就是世界上最早的近似于冰激凌的食品呢？可不可称之为中国古代的冰激凌呢？这还有待专家们去做出科学结论。

中国古代的冰文化，并不仅限于藏冰、冷藏和冷饮，还有冰雕、冰嬉、冰燧等，既有艺术又有科学。冰雕在汉代已肇其端，而盛于唐代。唐玄宗时权臣杨国忠府上，就雕制奇形怪状的冰山，放于室内以消夏，史称"琢山避暑"。早在汉代，古人就将冰琢成冰镜，向日取火，名曰"冰燧"。唐代以前已有人练冰泳。清代皇家曾在北京的北海组织大规模滑冰盛会，名"冰嬉"，场面十分壮观！

（郭净）

鲙，日文叫"刺身"，也就是生鱼片。

凡来中国的朋友，往往被请去吃北京烤鸭，因烤鸭被视为中国的"国味"。凡去日本的朋友，也往往被请去吃"刺身"，大概那也是日本"国味"的缘故吧！

其实，从文化史角度考察，烤鸭在中国，只有几百年的历史，而"生鱼片"在中国，至少已有史 3000 年，而且在古代也曾被视为"国味"。如今，中国只有少数地方还吃生鱼肉，但绝大多数人每当形容美味佳肴时，还喜欢引用"脍炙人口"的成语。"炙"，从肉，从火，即烤肉。"脍"，即"鲙"，指切细了的生鱼肉。可以说，这是古代以"生鱼肉"为国味的残风余韵吧！

吃生鱼片的风俗起源于中国？

鲙的起源，在古代就是个有争议的问题。

南朝时，萧道成称齐王，置酒作乐。当羹鲙既至，大臣崔祖思说："这美味为南北所推呀！"在座的沈文季却说："羹鲙乃吴地所食，怎能说南北所推呢！"祖思讥诮地说："'包鳖鲙鲤'，似乎不是吴之诗吧！"文季也反唇辩诘："'莼羹鲈鲙'的出典，大概与鲁卫也无关吧！"萧道

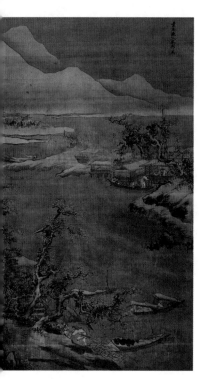

《雪江卖鱼图》
【明】朱邦 绘

成幽默地为他们解围说："那莼羹就让文季喝了吧！"

这场争论，论者提到"莼羹鲈鲙"和"炰鳖鲙鲤"两个典故，究竟谁是谁非呢？

先说"莼羹鲈鲙"，这确是吴人的美食。其实，比"莼羹鲈鲙"出典早 700—800 年，吴王阖闾为欢迎伍子胥伐楚归来即为之治鲙以待了。故《吴越春秋》说："吴人作鲙者，自阖闾之造也。"阖闾乃春秋末年人，卒于公元前 496 年，因之可以说吴地食鲙有文字记载的历史已有 2500 多年了。

再考"炰鳖鲙鲤"的诗句，出自《诗经·小雅·六月》。诗讲的是西周时，宣王的重臣尹吉甫北征猃狁胜利归来宴请亲友时的情景。炰鳖，即文火炖甲鱼；鲙鲤，即细切的鲤鱼肉。那是公元前 823 年，距今 2800 多年了。

从文献记载来看，西北周人比东南吴人的食鲙史还要早 300 多年！然而，谁能相信沿海居民比内陆居民食鲙还晚呢！

是的，文化人类学早已揭示，先民还在不知耕稼的时代，就已捞蚌捕鱼为食了。这在古文献中也有些痕迹。

汉代应劭著的《风俗通》，谈到古代天子在泰山上筑坛祭天时，祭品有玄尊、俎生鱼。《礼记》等书谈到先民祭祀祖先的大典时，祭品也是玄酒、俎腥鱼。玄尊、玄酒，都是指清水，俎生鱼、俎腥鱼，都是指切好了的鱼肉。先秦及秦汉，帝王之家，食有八珍，饮有六味，物品的丰盛令人惊讶，那么，为什么祭祀上天、祖先却如此简易呢？《史记·乐记》中解释说，意在"贵饮食之本也"。从而可知，先秦古人还未忘记他们的老祖宗原就是喝凉水、吃生鱼过来的。可见，古人食鲙乃原始之遗风。

古人爱吃哪些种类的鱼？

鲙，乃后起之字。先秦已有"脍"字，从肉，意为细切的肉，故有牛脍、羊脍、猪脍、鸠脍。但常吃的是鱼脍，所以，鱼与脍结下了不解之缘，从而形成"鲙"字。

鲙所用之鱼很多，时代不同，所尚之鱼也有所变化。大约从西周历春秋、战国，以及秦汉的上千年，是以鲤鱼为尚的。西汉辞赋家枚乘谈及美味佳肴时曰："薄耆之炙，鲜鲤之鲙。"前者说的是烤里脊，后者则是鲤鱼片。这就是汉人所说的"脍炙人口"的具体含义。

汉魏间，也有以鲻鱼、鮆鱼（亦名刀鱼）为鲙的。鮆鱼等肉色是红的，为时尚所贱。

西晋以降，鲈鲙为时所重。这不仅因为鲈鱼色如玉，味道鲜美，也因为沈文季提到的那"莼羹鲈鲙"的典故。《世说新语·鉴识》中说：文学家张翰，在洛阳为官，见秋风起，思念故乡吴地的莼羹鲈鲙，叹道："人生贵得适意尔，何能羁官数千里外以要名爵！"遂弃官南归。

张翰的人生哲学为乱世文人学士所赏识，故多借思莼嗜鲈以避现实。因之"莼羹鲈鲙"之名不胫而走。李白即有诗曰："此行不为鲈鱼鲙，自爱名山入剡中。""剡中"指今浙江嵊州山中。杜牧也有诗句曰："冻醪元亮（陶渊明）秫，寒鲙季鹰鱼。"杜甫也有诗句曰："暂忆江东鲙，兼怀雪下船。"季鹰鱼、江东鲙，都是指鲈鱼。季鹰，为张翰字，因翰而名。江南称鲈鲙为"郎官鲙"，也是因张翰在洛阳为"郎官"的缘故。文人墨客，崇尚鲈鲙，多是醉翁之意

重庆忠县涂井崖墓出土庖厨俑

· 134 ·

不在酒。

唐人著《膳夫经》则载："鲙莫先于鲫，鳊、鲂、鲷、鲈次之。"可以说，唐宋治鲙，多是以鲫鱼为尚，鲈反为次。五代人陶穀《清异录》赞美鲫鱼说："尔鲜于羹，斫鲙精妙。"他称赞鲫鲙洁若银丝，颇有懿德，还俏皮地要加封鲫鱼为"银丝省懿德郎"呢！

读至此，每每令人疑惑，黄河金鲤乃鱼中之冠，先秦即以鲤治鲙，何以唐人轻鲤而重鲫呢？原来，唐朝曾有法律规定，对鲤鱼不准直呼其名，而要敬称"赤鳊公"，严禁捕捞。倘误捞起，仍要放还。有出卖者，杖责60大板。这是为什么？因为唐朝皇帝姓李，"李"与"鲤"谐音。相传，隋朝将亡之际，炀帝曾站在船头，作了一歌："三月三日到江头，正见鲤鱼波上游。意欲持钩往撩取，恐是蛟龙还复休。"

后来，隋亡唐兴，李氏认为那诗是一征兆，鲤（李）变成了龙，建起李唐王朝，故崇尚鲤鱼，不准捕鲤。这事虽荒诞可笑，却是历史事实。大概，这就是《膳夫经》讲治鲙莫先于鲫的缘故吧！

古人有哪些烹饪鱼的方法？

古人食鲙讲究刀工，以精细为尚。孔老夫子就说过："食不厌精，鲙不厌细。"精细到什么程度？汉桓麟说："鲤鳖之鲙，叠似蚋羽"，即薄若蚊虫的翅膀。唐南孝廉所斫之鲙，"縠（一种半透明的绉纱）薄丝缕，轻可吹起"。有一次风起，鱼片真像蝴蝶似的飘飘飞走，故称"化蝶鲙"。

古称切生鱼片，曰"斫鲙"。斫鲙有许多刀法，如"藿

《鲤图页》
【清】佚名

《孔子圣迹图·命名荣贶》【明】佚名 绘

孔子十九岁成婚，第二年生一子，鲁昭公赐他鲤鱼一尾，为显耀国君赏赐，孔子遂为儿子取名孔鲤，字伯鱼，用志不忘君恩

昭公以鲤鱼赐孔

子荣君之贶故名

鲤字伯鱼

叶切""柳叶切"等，藿是豆类的古称。切成豆叶、柳叶形的鱼片后，还要细切，即"丝缕切"。杜甫有诗曰："饔化莼丝熟，刀鸣鲙缕飞"，就是形容这种刀法的。

古代中国食鲙，是很讲究艺术美的。若是鲤、鲈等的白色鱼丝，则盛以金盘，黄白相映，甚为可观。于是食客用"银缕簇金盘""金盘白雪高"等诗句来赞美。同时，也加青菜、红果作为点缀，故有诗曰"冰盘行鲙簇青红"。那青青的，是斜放的香蒿；那红红的，是枸杞。当然，紫苏也是经常作为点缀添味的香菜。据说，紫苏叶还有解除鱼虾之毒的功能。

五代以前，中国无论南北，食鲙是很普遍的，所以，出行的人们多自备鲙具。凡食鲙者，大多是自斫自食，无求于人。不少诗人文豪，便身怀一手绝妙的斫鲙技艺，"操刀响捷，若和节奏"，"离若散雪，轻随风飞"。有的皇帝也是斫鲙能手。唐玄宗李隆基就是一位佼佼者。他不但自己斫鲙，还将"鲫鱼及鲙手刀子"赏赐给他的宠儿安禄山，让这个胡儿也学此艺。唐画家杜庭睦画有一幅《明皇斫鲙图》，记录了此事。此画后为宋代皇家的御宝之一，南宋时此画尚存。

北宋时，南方食鲙之风尚盛，而北方渐少，以至于在京都开封要找个斫鲙手已非易事。文学家欧阳修、刘原甫，都是江南人，喜食鲙，然家中已无人能操刀斫鲙了。文学家梅尧臣，也是江南人，家有老婢，独善此艺。所以，欧、刘等就常常提上几尾鲜鱼去梅家食鲙。梅家也常备活鱼，以待来客。因之梅尧臣写下了许多咏鲙诗句。《明皇斫鲙图》今不得见，梅家老婢如何斫鲙，也不得见。但是，考

北宋画像石庖厨图

古却发现宋代厨娘斫鲙的画像砖。那是在河南偃师出土的。图上有方桌，桌上置砧，砧上有鱼，砧旁有鲙刀。桌前有一炉，炉火正旺，上置一釜，釜在煮羹。显然，这幅羹鲙图，重现了千年以前的治鲙情景。

古人吃鱼爱配哪些调料？

鱼片的味道如何，同调料密切相关。所以，老夫子不但"鲙不厌细"，还郑重声明，"不得其酱不食"。酱是指调味品。孔子时代，食鲙的调味品主要是"芥酱"，用芥末制成。现代，在日本的生鱼片调料中，有用辣根（学名"山葵"）制成的"芥味酱"，可谓保存了孔老夫子时代食鲙的古风余韵。

吃生鱼片加调料的风俗也是相当古老的。先秦天子祭天祀祖，供俎生鱼时，也要摆上"五齐"。"五齐"，即"五齑"，包含多种调味品，诸如韭花泥，芥末，蒜泥，用苏子、胡芹等制成的调料等。

西晋时，巨富石崇冬天食鲙，用一种"韭萍齑"，萍，即浮萍。另一巨富王凯闻说，不知如何制成，就买通石崇的下人，方才打听到是用韭根杂以鲜麦苗捣烂制成的。

山东沂南汉墓画像石
刻画了汉代的饮食风俗

南北朝时，有"金齑玉鲙，东南佳味"的说法。何谓"金齑"？《辞源》中说，吴中以莼菜为羹，"菜黄如金"，因称"金齑"。这一解释未必确切。莼菜之羹，色黄当称"金羹"。齑乃调料，色黄方称"金齑"。羹、齑非一物，不能混为一谈。《齐民要术·八和齑》谈到用蒜、姜、橘、梅、盐、醋等合成食鲙调料。其中特别指出要加放熟栗黄，因齑中橘多则色不美，故加栗黄，取其金色，又益甜味，即所谓"金齑"者也。

唐宋时，鲙齑有的不用橘子，而改用橙子。梅尧臣诗曰"霜橙可为齑，冰鲙思下箸"。即为一证。

当代食鲙，佐料已大不相同了。满洲里的农家食生鱼片，调料是酱油、醋、麻油、胡椒粉，少量白酒。但也未忘了姜、蒜。姜、蒜切成末，入在佐料之中，非常提味。

在食鲙中，还有一佐料，名曰"藠头"，有鳞茎，名薤白，捣烂成泥状，或细切若丝。南宋陆游曰："醢酱点橙薤。"薤，即藠头泥，加橙与酱、醋调合成佐料。如今，中国已少有以藠头为调料的了，可这种古风在日本犹存。有次初见藠头丝，还误以为是萝卜做的呢！因之，令人不胜感慨，古代许多文化风俗在中国早已不存，可有不少却在日本原样保留下来，或仍存古风余韵。吃生鱼片以及它的佐料，仅是千万中之一例罢了。

《端午图》任伯年 绘
端午吃黄鱼是江浙一带的风俗，这幅图表现了画者家乡端午的应景节物

（郭伯南）

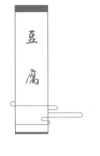

豆腐，是人类最早提取出的植物蛋白质，而今不但是东方的佳肴，且享誉世界。人间第一个尝百草的是圣人，第一个敢于吃螃蟹的是勇士。那么，首创豆腐的人不应得到更多的尊重吗？

然而，首创豆腐制作法的是谁呢？千百年来，人们就在探索，近几十年的研究更盛了，但一直是个难解的文化之谜。

豆腐到底是谁发明的？

谈到豆腐的起源，就不能不提到南宋成书的《全芳备祖》中记载的朱熹的一首豆腐五言诗："种豆豆苗稀，力竭心已腐。早知淮南术，安坐获泉布。"

朱子感叹，种豆子，苗儿总出不好，稀稀落落，竭尽力气总不成，弄得心灰意懒。若早些知道西汉淮南王刘安做豆腐的方法，不种豆子，而用豆种做豆腐，也能安安稳稳赚到铜钱了。朱熹怕人把他说的"淮南术"误认为炼金炼丹的方术，就自注曰："世传豆腐本为淮南王术。"宋、元、明、清以来，大凡谈及豆腐始于汉代的说法，多是从这首豆腐诗引申开来的。

有趣的是，这位最早记录了豆腐起源传说的学者，却是位终生不吃豆腐的人。据清人梁章钜《归田琐记》说，原因是：他发现，"初造豆腐时，用豆若干，水若干，杂料若干，合称之，共重若干，及造成，往往溢于原称之数。格其理而不得，故不食。"这位老先生平素以为"盖人之心灵莫不有知，而天下之物莫不有理"。多出来的斤两，既然不知道缘故，就不吃。这个故事，刻画出了朱熹的性格，认真得可爱，也迂得可以。谁会相信这样一位学者会去编造淮南王的神话呢？显然，朱熹记录的淮南王术的传说早在他以前就广为流传了。

淮南王是怎样制作豆腐的，其方法传下来了吗？这对研究豆腐的起源很重要。为此，我于1976年特地去淮南王故地安徽省寿县做了些考察，重要收获之一是品尝了相传是按照淮南王术制作的淮南名产"八公山豆腐"。

淮南豆腐何以又冠上"八公山"之名呢？原来八公山得名比淝水之战

《大豆图》【南宋】任仁发 绘

还早 500 多年。相传，淮南王刘安，折节下士，曾请苏非、李尚、左吴、田由、雷被、毛被、伍被、晋昌八人集体编写了《淮南子》一书。他们在后世的传说中被神化了。该山原有淮南王庙，今存淮南王墓，相传八公与刘安曾在此升仙，故得名八公山。

八公山豆腐既以仙山为名，何况它品质极佳，故历来被视为豆腐中的神品。八公山豆腐的确给人留下美好的回味，它鲜嫩、绵滑、微甘，既没有北豆腐的苦味，也没有南豆腐时而略有涩感。一般豆腐做汤，豆腐沉底，八公山豆腐却浮于水面。一般豆腐，1 斤黄豆可出 3 斤；八公山豆腐，1 斤黄豆则出 4 斤至 5 斤。

八公山豆腐何以如此呢？据说除了选料精、加工细、不用卤水外，尤得益于用水。那水出自八公山上一股甘洌的清泉，当地人称之为神泉。因而，八公山豆腐成了淮南的著名特产。

豆腐源于游牧民族的奶酪？

豆腐创始者的桂冠加于淮南王头上 2000 多年，从来没有人怀疑。然而，当代中国著名化学史家袁翰青教授却著文提出了异议。他说：我查遍《淮南子》，不见有"豆腐"二字，连豆腐的别名"黎祁""来其"也没有。我翻检了历代大量有关文献和资料，查不到唐代以前有关豆腐的任何记载，只在宋寇宗奭于 11 世纪末著的《本草衍义》中有磨豆腐的话。原文是"生大豆……又可硙为腐，食之"。硙，就是用石磨磨。这证明宋已有豆腐。从而可以推想豆腐的开始制作大概是"在五代的时候，九世纪或十世纪的

卖豆花

143

时期"。

袁氏以文献无征为根据，否定了朱熹的豆腐起源于汉的说法，摘下了淮南王为豆腐发明家的桂冠。袁氏并颇有见地地指出，豆腐的始创者是农民，是他们在长期煮豆磨浆的实践中，得到了这种优美的食品。从而把那顶桂冠奉献给了当之无愧的中国农民。

这是 20 世纪 50 年代的事。60 年代，日本学者又继续追索这一问题。最重要的成就是筱田统教授在五代人陶毂著的《清异录》中找到一段有关豆腐的文字："时戢为青阳丞，洁己勤民，肉味不给，日市豆腐数个，邑人呼豆腐为小宰羊。"筱田氏认为，这个唐代的故事就足以说明早在唐代中期就有豆腐的制作，并在市场上出售了。

其实，《清异录》关于豆腐的记载，在清代道光年间就已编入工具书《格致镜原》，是不难检索的。

筱田氏的考证，将豆腐的历史向前推移了大约 100 年。可是，他在修改袁氏结论时，竟把袁氏已然归还给中国农民的桂冠又拿去送给了游牧民族。他认为北方游牧民族大量迁入中原后，原来喜食的奶酪不易得，才发明了代用品豆腐。说者无据，反证亦难。姑且说者说之，听者听之吧！

豆腐起源的研究，自袁氏首倡从文献学的角度考察以来，将研究的方法从猜测、臆想引入了科学的轨道，置于实事求是的基础之上，取得了相当可观的成绩。但在得出豆腐始于唐末或五代的结论之后，已裹足不前了。因此，近年来已有学者提出疑问：文献有征是言之有据，难道凡文献无征的就是客观上不存在的吗？比如制瓷，文献有征的历史只有 1600 年，最多只能上溯到 2000 年，而瓷器却

卖豆腐

144

河南密县打虎亭汉墓画像石
图画表现了制作豆腐的主要工艺流程：
浸豆、磨豆、滤浆、点浆、榨水等

早在4000多年前就以其原始形态出现了。又如，"茶"字，是唐代陆羽将"荼"字去掉一横，才有了"茶"字，难道在没有"茶"或"荼"字之前，古人不曾品尝过茶叶的味道，中国也没有茶树吗？豆腐也是如此，难道在文献无征的时代就真的也不存在吗？

考古工作者曾报道说：在河南密县打虎亭一座东汉墓的画像石上，发现一方反映豆腐作坊的石刻图。这豆腐作坊图上，有磨豆腐的小磨，有锅有灶，似在蒸煮什么，又有大大小小的缸盆，有的其中似有沉淀物，像在做豆腐。这一画像是否确为一幅"豆腐作坊图"，目前学术界尚存异议。

　　但是，我在安徽寿县博物馆，见到一东汉陶制水磨模型，形制与今日用来制作八公山豆腐的水磨没有什么两样。类似的水磨模型，在淮水流域汉墓中也有出土，如安徽阜南、江苏徐州等地就有不少。南京博物馆陈列有越土冈出土、邓府山出土的六朝时的红陶拐子磨模型，与今日农村各地仍在沿用的磨豆腐的拐子磨形制几乎一模一样。

　　最早的石制水磨，是 1968 年在河北满城西汉中山王刘胜墓中发现的。那水磨分上、下两扇，是用黑云母花岗岩打制的。高 18 厘米，直径 54 厘米。石磨顶部，中心内凹，四周起沿，便于注水。石磨下部尚无磨盘和水槽，而另有

《耕织图》（局部）
【元】程棨 摹 楼璹
砻，一种农具，像石磨一样，用来碾稻壳，多用木料制成

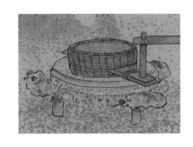

一比石磨还大许多的特大青铜漏斗。漏斗若盆状，中心有漏孔。其上口直径94.5厘米，底径29厘米，高34厘米。石磨就置于漏斗中央。磨出的浆液汇到漏孔流下，下有容器承接。石磨与青铜漏斗原有木架支撑。这盘水磨，从其尚无磨盘水槽看，仍保留着脱胎而来的旱磨特征，是水磨发展的早期形制。但有了铜漏斗，用以磨制豆浆是很适用的。这水磨的主人刘胜（前154—前113在位），与淮南王刘安（前179—前122）是同时代人，刘胜比刘安谢世晚10余年。从而可以肯定，这水磨与相传淮南王术的发明年代约略是相当的。

在今日之皖北、苏北、豫东南以及鲁南，即大体上相当淮水流域，自古以来，人们传统的主食是煎饼，至今古风犹存。制作煎饼，就要先把米、豆等用水泡过，要用水磨磨成糊，将糊摊于锅上，一煎即成。因之，这一带几乎家家备有水磨子。汉代的水磨子接连出土表明，早在2000多年前，淮河流域的人们已经吃煎饼、喝豆浆了。

如何还原古代豆腐的制法？

有了水磨，有了黄豆，又磨出了豆浆，可不可能制出豆腐呢？对此，许多行家是摇头的，说少了卤水和石膏是做不出豆腐的。袁氏曾经推断豆腐是农民在长期磨制豆浆时发明的。曹元宇教授则指出，农民虽可磨豆浆，可他们手里却缺少凝结剂。因之有人推断豆腐最初有可能是手中握有凝结剂的医生、方士发明的。其实，并不尽然。

殊不知，古人制豆腐所用凝结剂是很多的，求取也不难。明人李时珍《本草纲目》记载的凝结剂，除盐卤汁、石膏末之外，还有山矾汁、酸浆、醋等，并说大凡咸苦酸辛之物皆可。依此而论，农民手中是有凝结剂的，而且很多。据家兄郭辅周将军回忆："1952年，在朝鲜战场，志愿军的后勤供应一度很困难，我们就上山采野葡萄，炊事班用葡萄汁点豆腐，改善生活。"可以说，野葡萄汁是一种天然的凝结剂。

殊不知，在豆腐制作史上，有使用凝结剂的成熟阶段，还有不用凝结剂的原始阶段。犹如酿酒有用酒曲酿酒的成熟阶段，也有不用酒曲的原始阶段一样。豆腐者，它的名称就已自道出了其起源之谜。初始，本为豆浆腐坏之后所形成者也。犹如牛乳腐坏所成者名之曰"乳腐"，乳腐也称酸奶，亦因奶酸形成并由之得名者也。豆浆酸腐即自淀，若豆腐脑儿状，略去水即成豆腐。将水榨干，即成豆腐干。豆腐之始初，或为偶然而得，亦并非美味，自然也不知使用什么辅助剂。为了验证这一想法，我曾几次将豆浆煮沸后令其自腐自淀，进行实验，其结果是成功的。1979年，北京市食品研究所的女科学家刘珏和黄玉燕，在一次偶然的机会中，发现豆浆变酸，有所凝固，像酸牛奶似的。她们的发现与我的实验是一致的。其实，这种现象，古人早已发现。

元代女诗人郑允端有一首豆腐诗："磨龙流玉乳，蒸煮结清泉。色比土酥净，香逾石髓坚。"这首诗所讲的就是不用凝结剂的一种蒸煮自淀法。

这一方法中，"蒸煮"是重要的一步。豆浆经过蒸煮，可促使豆蛋白、脂类等凝胶结絮，在保持一定温度条件下，经过相当的时间，即渐渐自淀，水渗出聚于上，状若清泉。再将沉淀物加压滤水，使之成为块状，比土酥（萝卜）还白净，比石髓（石钟乳）还香的豆腐就做成了。豆腐是什么？豆腐就是煮熟了的豆蛋白、脂肪和水凝聚而成的胶结体。

煮沸过的豆浆，不用凝固剂，能否自淀呢？有些学者对此是有疑问的。中国科学院自然科学史研究所洪光住同志在《豆腐身世考》一文中，曾做出肯定的回答。他说："所谓自淀，就是把事先做好的豆浆，保持在一定的恒温中，经过 8 小时的沉淀作用后，溶胶周围的水膜和负电性，便逐渐受到破坏而消失，豆蛋白、脂类等便以絮状物的形态沉淀下来。如果将沉淀物过滤，冲洗挤压去水，就可以得到既没有盐卤的苦涩味，又极细嫩的豆腐了。"他又指出："但是，这种原始的自淀方法，不能在短时间内大量制成豆腐，必须寻找出合适的凝固剂，才能进行大量生产。"

是的，这种自淀法是原始的，但它却足以说明，在豆腐的发展史上，有已知使用卤水、石膏点豆腐，找到了凝固剂的成熟阶段；也有在豆浆自淀中得到了豆腐，却不知凝固剂为何物的原始阶段。

关于豆腐的起源，作为一管之见，我认为，早在汉代的淮水流域是有条件制作豆腐的。豆腐的创始者当是古代淮水流域的农民。或许淮南王刘安曾将当地这种特产的制作方法与工具，献给朝廷和诸王，从而使豆腐广为传播，后世遂将此项发明记在他的名下而流传开来。当然，这准确否，还有待继续考证。但是，目前可知一点，即考古已发现有两汉魏晋南北朝的大批陶质水磨，至今还没有发现早于淮南王时代的，而在其后，数量则越晚越多，形制也不断有所改进，是值得发人深思的。

（郭伯南）

古人的文化

风雅

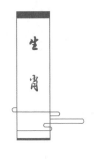

生肖，是用来记人的生年属相的，为十二种动物。因有十二个，故称十二生肖。它们是：鼠、牛、虎、兔、龙、蛇、马、羊、猴、鸡、狗、猪。龙年出生的人属龙。兔年出生的人当属兔。可是，在不同的民族和国家，也不尽如此。比如龙年出生的中国哀牢山彝人，属相是穿山甲；中国兔年出生的越南人，属相却是猫。

生肖，几乎是具有世界性的民俗现象，在东方文化中更为流行。中国、朝鲜、蒙古国、日本等许多国家和地区，先后发行生肖邮票，颇受欢迎。这或许同东方人对自己的属相动物有某种特殊的感情有关。

生肖禁忌都有哪些事儿?

过去，属羊的不吃羊肉，属牛的不喝牛羹。我女儿属猴，她不准说猴子不好。儿子属猪，总说猪对人类的贡献。他们并不迷信，只是有那么一种特殊心理。这种心理在中国人中较为普遍。也有的把自己的生肖动物视为保护神。凡到著名道教圣地北京白云观参观的，少有不到排列有六十位尊神的元辰殿去找一找自己生肖的。这有点儿神秘色彩，但寻找保护神的人们未必出于迷信，而是出于对自己属相的一种特殊感情。

蛇，在中国被看作五毒之首，令人生厌。所以。凡属蛇的，都不说属蛇，而雅称为"小龙"。据说日本也有类似的风俗，日本人对家猪缺少好感，故猪年不称"猪年"，而改称"野猪年"。对猪年生的人可不能说"你属猪的"，否则，就算是心上人也会生气的。在中国，这样说就毫无忌讳。

往昔，如果是皇帝的属相动物，那便要成为全国的大忌，历史上有许多关于生肖禁忌的荒唐故事。

北宋时，徽宗属狗，他曾诏令"禁止天下杀狗"。狗肉在那时如同今之牛羊肉，是重要肉食之一。太学生闻禁杀狗，聚众去宫门抗议，质问道："神宗皇帝（徽宗之父）生于戊子年，为何当时不禁养猫？"措辞虽尖刻，但出语巧妙，皇帝也无可奈何。

元朝时，蒙古人还不习惯于以干支纪年。行文仍写鼠儿年、兔儿年、羊儿年。生肖观念甚重。仁宗是个开明君主，可有一年也忽然降旨：在大都（今北京）城内外，禁止倒提鸡。原因为鸡是他的属相。

明朝时，武宗属猪，正德十四年（1519）诏令全国，"严禁畜猪"，违者充军。第二年清明，皇家祭祖，要用牛、羊、猪三牲，结果竟找不到一头猪了！

清朝时，慈禧太后属羊，她忌"羊"字。御膳房做菜用的羊肉，都改称"福肉""寿肉"。同治年间，梆子名伶侯俊山在宫内侍演《玉堂春》，苏三起解时有句唱词："我好比羊入虎口有去无还。"慈禧一听，勃然大怒，立即命令停戏，并要严惩他。太监李莲英再三解释和说情，那名伶才算幸免于难。后来，这句台词就改为："我好比鱼儿

《圆明园西洋楼版画》

【清】郎世宁 绘

圆明园海晏堂西面喷泉前面是十二生肖首

入网有去无还。"慈禧不仅忌羊，还忌羊的反义词。北京颐和园西侧有个六郎庄。有一天，慈禧登颐和园万寿山观景，顺手指着园外问："那叫什么村子？"随人忙答"六郎庄"。她一听，又顿时火起："好啊！六狼庄，一条狼进来羊都抵挡不住，如今六条狼在园外，你们眼瞅着不管，都是白吃俸禄的！"随人哭笑不得，也不敢解释，无奈，只好把六郎庄改名太平庄。

与禁忌相反，也有尊崇的。五代时，蜀主王建是属兔的，他谥宝玺纽的龙头刻成兔首。这方谥宝，几十年前，在成都王建墓已被清理出土。这在历代帝王的玺印中是独一无二的。

生肖禁忌，在民间主要表现在婚俗上。男婚女嫁，往昔是很重属相的。若一个属猪，一个属猴，就被认为不宜成婚，说是"猪猴不到头"，即不能白头偕老。若一个属虎，一个属蛇，也不宜结合，否则会争斗不已，两败俱伤。有首生肖禁忌歌，20世纪，年纪稍长的人多能背诵。歌词是：

古来白马犯青牛，羊鼠相交一旦休。
猛虎见蛇如刀错，兔儿遇龙泪交流。
金鸡玉犬莫相见，亥猪一生怕猿猴。

用生肖禁忌来指导婚配，显然是一种迷信。还有的认为马年不能结婚，否则，结了婚也会踢散，更是荒唐。但是用生肖禁忌歌来探寻生肖的起源，不失为一份可供参考的资料。

生肖禁忌歌反映的是农牧生活可见的生活画面。在草原上，牛马成千上万，却各自为群，不相混杂，青牛白马拢不到一起。故有"风马牛不相及"的古老成语。羊与鼠也有矛盾，草盛羊壮，鼠必少见，反之，鼠盛则草衰，草衰则羊饥。有趣的是这里不是猫、鼠相忌，可知，鼠入生肖之时，猫还不曾家养，鼠也不是重要家害。龙为司雨神物，草原上兔窟浅陋，一遇大雨滂沱，兔境惨然。鸡犬相斗，是农家常见景象。猪和猴，也不可能养到

《十二生肖》徐悲鸿 绘

一个圈里。从禁忌歌中生肖动物的关系来看，十二生肖反映的是游牧与农耕并重时代的景象，大概早在游牧时代已肇其端了。

子鼠何为生肖首?

十二生肖中，论品德，论行止，没有不比"鼠"强的，论神通莫过于龙，论勇猛莫敌于虎。何以龙、虎不为生肖之首，而令老鼠窃踞生肖之首呢?这问题早在上千年前就已提出，引起一番探讨。几百年来，约略有五种说法:

一是阴阳说。在这里阴阳是依据动物蹄足的奇偶而定的。据说虎五趾，龙五爪，猴五指，狗五趾，马奇蹄，均为奇数，属阳。牛、羊、猪皆偶蹄，兔两趾，鸡四趾，蛇有双舌，均为偶数，属阴。唯有鼠特殊，前脚四趾，后脚五趾，一偶一奇，阴阳俱备，故列之于生肖之首。

这种说法有无根据? 龙是否历来就是五爪? 兔是否有两趾的? 鼠趾是否前四后五? 这且都不去管它。但知，这是宋人洪巽听一个算卦人说的，随之记在《旸谷漫录》笔记中，本为骗人之说，对此又何必顶真呢!

二是时序说。即依生肖动物活动的时间序列安排的。说牛在丑时倒嚼，虎在寅时最凶，兔在卯时活跃，龙喜辰时行雨，蛇在巳时不伤行人……老鼠在半夜子时出来活动。一日的起止，是从半夜子时划分的。因之，鼠为一日十二辰之首。这个说法，据说是南宋理学家朱熹提出的，当时学者王应麟就斥其"牵强附会"。因此，我们也毋庸赘语。

三是争先说。相传，轩辕黄帝安排十二生肖动物值班，谁先谁后，以赛跑决定。老鼠心生一计，跳上牛背。临到终点，它爬上牛角，头探于前，争得了冠军。这是民间故事，无须考证。

四是二十八宿说。近年有人提出，生肖序列是根据天上二十八宿的序列来的，力图作出"科学的"解释，更为牵强。或许，十二生肖与二十八宿的产生，两者究竟孰先孰后，还有待研究吧!

五是神祇说。也有人认为，中国十二生肖来源于印度的十二生肖。印度的十二生肖，原是十二位神祇座下的十二神兽。据《阿婆缚纱》和《行林钞》记载：招杜罗神将驾鼠，毗羯罗神将驾牛，宫毗罗神将驾狮，伐析罗神将驾兔，迷企罗神将驾龙，安底罗神将驾蛇，安弥罗神将驾马，珊底罗神将驾羊，因达罗神将驾猴，婆夷罗神将驾金翅鸟，摩虎罗神将驾狗，真达罗神将驾猪。若此说有据，那么，十二生肖鼠为先，是鼠所从侍的神祇为十二神将之首的缘故了。十二生肖的排列，若出之于宗教神话，那根本就用不着进行科学考证了。

其实，这里所说的只是中国、印度的十二生肖，中国、印度生肖确实是以鼠为先的。但是从世界范围来考察，有些古老民族的神兽中，根本就无鼠，更谈不上以鼠为先的序列。甚至，有些生肖中还有昆虫、水族、植物、无生物，什么奇偶阴阳、出没时间的孰先孰后就更谈不上，同二十八宿也毫不相干。

笔者以为，十二生肖的序列，原本就没有什么科学根据，用不着煞费苦心地去探讨，大可不必强为之作解，也免得谬说流传。

生肖是怎么来的？

话及"生肖"，辞书上多说：旧时用十二种动物配十二地支来记人的生年。这种解释似乎认为生肖离不开地支，两者总是相配。其实，不少民族在历史上都只以生肖动物名称纪年，而不用地支。如前述蒙古人，就只说兔儿年、羊儿年。鲜卑人、黠戛斯人（今柯尔克孜族、吉尔吉斯人先民），以及北方许多游牧民族，也曾这样用。

干支纪，是华夏民族的传统纪时方法。干，又称天干、十干，即甲、乙、丙、丁、戊、己、庚、辛、壬、癸。早在夏代，十干就用来纪日，距今近4000年。支，又称地支，即子、丑、寅、卯、辰、巳、午、未、申、酉、戌、亥。商代甲骨上就刻有天干地支相配的六十甲子表，距今已有3200多年。夏商时，干支只用作纪日。春秋时，始用干支纪月。东汉建武三十年

（54年），始用干支纪年。在用干支纪年以前，华夏传统的纪年，先后曾用过"岁星纪年法""太岁纪年法"。"岁星"指木星，"太岁"是假设的木星。设想它们在天空十二年运行一周天，以其所在的方位来纪年。但是，简单的十二兽历，当比以天文观测为依据的岁星纪年要原始得多。初时，为什么要选用大约十二年一周天的岁星纪年呢？后来，为什么当发现岁星并不恰好十二年运行一周天，就假设了一个代替岁星的"太岁"，仍假定它在天上十二年运行一周天呢？这是否因为在使用"岁星纪年法"以前，已有一种十二年一周始的原始历法呢？这是发人深省的。

在中国古代，无论北方和南方，都有些民族使用十二兽历，以十二兽名称纪年，即十二年一周始。

云南哀牢山彝族自古以来就使用十二兽历，遇有重大节庆，举行重大活动，还要请女巫装扮成十二神兽，跳神兽舞。十二神兽的名称是：虎、兔、穿山甲、蛇、马、羊、猴、鸡、狗、猪、鼠、牛。他们的十二兽历中，没有龙，而有穿山甲。另一特点是以虎为首，而非以鼠为先。彝族以虎为首是有原因的。他们自认为是虎族，是虎的子孙，尊母虎神为始祖。每三年举行一次的祭神大典，要选在虎月（首月）的第一个虎日。在当地母虎神庙举行。家家门上都图以虎形，以示对虎的尊崇。

彝族的这一古老风俗揭示，十二生肖源于十二兽历，与图腾崇拜有千丝万缕的渊源。

十二兽历，或类似的原始纪年法，不仅中国有，在世界文明古国印度、埃及、巴比伦也有，在欧洲的希腊也有。

印度的十二兽历，在上述所引的神将坐骑中已经开列。

清苏绣十二生肖图袖边

这些动物与中国十二生肖相比较，印度的是有狮而无虎。原因可能是古印度产狮，而不产虎；中国则有虎无狮，那是在中国的十二生肖已形成之时，西域的狮子还未来到中国。这些特点在各自的十二生肖中都反映出来了。

越南的十二生肖与中国的十二生肖相近似，只是将兔去掉，换上了猫。

埃及与希腊的十二兽历是一样的，其名称是：牡牛、山羊、狮、驴、蟹、蛇、犬、猫、鳄、红鹤、猿、鹰。

巴比伦的十二兽历与埃及和希腊的相比，只是没有蟹，代之以蜣螂。

看到异国这些十二兽历的内容，不禁令人想起中国古代的蜡祭来。蜡祭在夏代称"清祀"，商代叫"嘉平"，周代称"蜡祭"。秦始改"蜡"为"腊"。每年农事完毕，就举行蜡祭。所祭的对象是：农神、百谷种子、田间道路与

《孔子圣迹图·汉高祀鲁》
【明】佚名 绘
汉高祖刘邦以太牢（猪、牛、羊）祭祀孔子，这幅图再现了祭祀场景

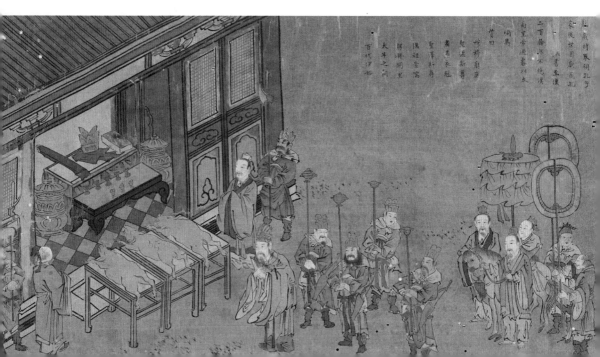

草棚、猫、虎、堤防、水沟、昆虫。为什么祭它们，因为它们一年中对农事都尽了力，猫、虎吃了田鼠，保护了庄稼。昆虫也没来为害。祭祀时，女巫化装成猫、虎、昆虫、农神等神祇。故有"腊八"一名。这是中国传统腊八节的由来。蜡祭是一种原始崇拜，所祭祀的对象，无不一一与当地的农业生产及原始信奉有着某种联系。

在世界文化中，十二生肖纪年法源出十二兽历，似都同原始图腾崇拜有关，由来可谓久远。

世界各古老文明中的十二兽历的起始或有先后，但被文献记录下来，却都不早于公元100年。中国十二生肖最早的记录见东汉王充《论衡·物势篇》，距今已有1900多年。

新的考古发现又将这一记录推前了。1975年，在湖北云梦睡虎地11号秦墓发现秦简《日书》，即类似日历的书。《日书》写成于秦昭王二十八年（公元前279年），书上已有十二生肖的记载。内容是："子，鼠也；丑，牛也；寅，虎也；卯，兔也；辰（原简漏抄生肖）；巳，虫也；午，鹿也；未，马也；申，环（猿）也；酉，水（雉）也；戌，老羊也；亥，豕也。"其中午为鹿、未为马、戌为羊，与现在生肖不尽相同，反映着一定的原始性。如果这一释读无误，中国十二生肖有文字可考的历史就可以上溯到距今2200多年。这不仅是中国的，也是世界关于十二生肖最早的完整记录。

但是，世界上先民创造并开始使用十二兽历的年代，比之有文字记载的岁月，要古老得多得多呢！

（郭伯南）

相传，书信在西方的起源，是颇为奇特的。

古希腊时，奴隶主曾把书信写在奴隶的头皮上，并用他做信使传递消息。方法是先把奴隶的头发剃光，再写上书信的内容，待头发长出，就打发他把这种信送出去……这样的信奴简直是具有多种功能的活工具，其头皮为纸笺，头发当信封，人又可充当信差。想必当时在传递保密信时才这样办的吧！

然而，在东方的中国古文化中，书笺、信函、玺封、驿传，有着独具特色的不同名称和含义。诸如"尺牍""尺帛""双鲤""芝检""雁足""鸿鳞"等，各有典故和来历。这里略寻其源。

书信有哪些雅称？

元人所著《琅環记》中有首情诗，这样唱道："花笺制叶寄郎边，江上寻鱼为妾传。郎处斜阳三五树，路中莫近钓翁船。"

笺，指信纸，"花笺"，是一种小幅的用华丽纸张制成并饰有花纹的信纸。古时著名的花笺很多，有五色笺、锦色笺、白韵笺、凤尾笺等，或出之于吴（今苏州、南京一带），或出之巴（今重庆）、蜀（今成都一带）。最著名的是蜀笺中的薛涛笺。它因是唐代女诗人薛涛亲自制成的小笺而得名。"薛涛笺"是取易于造纸的成都浣花溪的水，将芙蓉、荷花等花瓣煮烂捣成泥为染料，调匀后反复在纸上涂后阴干，故又名浣花笺。深红、粉红、明黄等多种颜色，打破了当时沉闷枯燥的单一色调。

唐宋书笺，不仅因彩色绚丽、图案典雅而引人爱怜，有的还加入香料，制成香笺。唐诗中有"香笺咏柳诗"之句，说的便是这种书笺。

纸笺问世之前，古人长期使用的书笺是简牍，也就是竹片或木片。目前已知的最早书信，就是两片木牍，上有墨书 200 多字，是秦兵黑夫和惊两人从河南淮阳寄到湖北云梦的家书。此信写于战国末年，是已知的木牍书信之一。

《诗经·小雅》有句曰："岂不怀旧，畏此简书。"这是以竹简为书笺的最早记载之一。该诗作于西周宣王时代，有 2800 多年了。

古人以简牍为书笺，标准长度为一尺。故书信又有"尺牍""尺简"之名。古代也以价值昂贵的素帛为书笺，故书信又有"尺帛""尺素"之称。

简牍有短小不足 1 尺的，称之为"牒"，为"札"，有若今之便笺。简牍也有宽长的，用之以示尊敬。史载汉文帝通好匈奴，所用牍长 1 尺 1 寸。匈奴单于答书，牍长 1 尺 2 寸，以表自谦。

竹木制成的简牍，是否就是书笺中最古老的形制呢？这还有待研究。

在书写材料历史上，古埃及人用过纸草，苏美尔人用

《快雪时晴帖册》【东晋】王羲之
大雪初晴时王羲之以愉快的心
情给亲朋友人的问候信

过泥版，古印度人用过贝叶，还有些民族用过兽皮等。

西汉学者路温舒，少时好学，牧羊时，就从泽中取蒲，截为牒，用以书写。六朝人董竭，"少游山泽，拾树叶以代书简"。唐及五代有不少红叶题诗、流水传书的爱情故事。明人陶宗仪以树叶做读书札记，积之数瓮，后经整理成一代名著《辍耕录》。

最有趣的是本文开头所引那"花笺制叶"之句，已有花笺，仍折为叶形，也许是树叶传情的古风余韵吧！

文字学也可以为之佐证，南朝名著《文心雕龙》释曰："牒者，叶也。"即"牒"字的本义是一片树叶。汉代字典《说文》则曰："札，牒也。"札、牒的本义都是木片或竹片。依此而言，若说树叶、木片乃书笺之滥觞，或许是符合历史实际的！

"双鲤鱼"代指信函？

唐代诗人王昌龄有诗曰："手携双鲤鱼，目送千里雁。"

这里说的"双鲤鱼"，并非真是两条鲤鱼，而是形若鲤鱼的信函，在此用以代称书信。

李商隐有诗曰："嵩云秦树久离居，双鲤迢迢一纸书。"

这里的"双鲤"，也是指的书函。唐代，自贞观（627—649）年间始，就用厚茧纸制信函，形若鲤鱼，两面俱画鳞甲，腹中可以藏书，名曰"鲤鱼函"。

信函为何制成鲤鱼之形呢？典出汉代乐府民歌《饮马长城窟行》，辞曰："客从远方来，遗我双鲤鱼。呼儿烹鲤鱼，中有尺素书。"

因这首烹鱼得书的民歌，铺衍出了鲤鱼传书的故事。

相传，三国吴人葛玄与河伯书信往还，就令鲤鱼充信使。唐代诗人孟浩然的诗中也说得很明白："尺书如不吝，还望鲤鱼传。"上述《琅嬛记》中的痴情女子，不也是手持制成叶形花笺，去到江边，寻鱼为之传书吗？因之，信函在诗文中往往被雅称之"鱼函""鲤封"。书信也叫"鱼书"，信使也被称为"鱼雁"。

据唐人著《初学记》载，东汉末年，已有纸制的信函。建安十一年（206），曹操曾命令主事者月给其部属有关人员"纸函各一"，令总结得失，"纸书函封"送呈览阅。

又据考古得知，英国人斯坦因在中国西北发现9封信简的同时，还发现9封纸制信函。

纸制信封在西方的使用大约只有一个半世纪的历史，而在东方却有17个多世纪了。

汉乐府言及"双鲤鱼"的时候，虽已有纸制信函，但应用尚不普遍，故而闻一多教授在其《乐府诗笺》中释"双鲤鱼"为一种藏书木函，"其物以两木板为之，一底一盖……此或刻为鱼形……分之则为两鱼，故而双鲤鱼也"。

我们已知纸笺是由简牍变革而来，纸制信函之先已有木制信函。木制信函，正如上述，以两木板为之，一底一盖。底即"牍"，用以书写信的内容。盖名"检"，用以封牍，其上书写收信人姓名，有若今之信封的作用。

简牍之上加检的木制信函，要缚之以绳，为防绳滑脱，要在检上刻上绳槽，缚绳两道，有头有尾。这在汉代出土文物中多有发现。看来，汉代木制封牍的检，也可看作鲤鱼信封了。

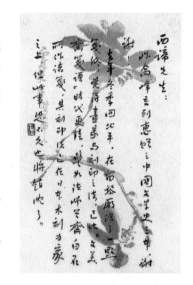

鲁迅写给郑振铎的信，使用的就是精美的彩笺

古代书信如何加密传送?

《后汉书》上说,新莽末,隗嚣称西州上将军,割据陇西。后欲归降刘秀。其帅王元主张据隘自守,与嚣曰:"请以一丸泥,东封函谷关。"函谷关位于今河南灵宝,其谷若函,故名"函谷",古时为东西交通要塞,是兵家必争之关隘。王元却说丸泥可封此关,极言其轻而易举。试问,封关何用"丸泥"呢?古之通常用语,今日却颇费解了。

在书信史上的检牍时代,欲封其函,则非泥不可,以泥封检,谓之"泥封"。其泥则名"封泥"。王元之意是扼守函谷关,就如以泥封函那么容易。

以泥封检,多在检上刻出一方形浅槽,以纳封泥,名曰"印齿"。也有不刻印齿的,名曰"平检"。泥则封之于检上。

泥封之法,在牍检相合后缚之以绳,绳结于印齿之处,施之以泥,泥上钤之以玺印。这一封检之程序,也叫"检"。"检"字本为名词,于是有了动词之义。

泥封之绳,也颇有讲究。如封于检者,其绳细而圆。封之于囊者,犹如今之封邮袋,其绳扁而宽。颜色也有区别。如新莽尚赤,则用红绳;紫府仙书,"绿检黄绳";祭天封禅,或用"金泥银绳",或用"石检金绳";等等。

封泥,是用一种特产黏土制成。汉制,天子玺封,用紫泥。紫泥出武都(在今甘肃省西和县境),故皇帝诏书又名"紫泥书"。东汉邓训为护羌校尉,有德政,好以青泥为封。青泥出自赵国易阳(今河北永年),羌民自愿推

《封泥考略》中的皇帝信玺封泥

鹿车为之千里取青泥，以报其德，传为佳话。

封泥的制作，因用途不同，填料也不同，还有添加香料的。故封泥又有"金泥""芝泥"之称。诗文中多以"芝泥""封检"，代称书信，因之又衍生出有关书信的多种雅称。这些雅称，今日已绝少使用，但"芝泥"一词犹存。但已不仅指昔日之封泥，而成为今日"朱泥"之美称了。

先秦及秦汉用作玺封的玺印多有出土，印文多为印主的姓氏、官职，也有些为格言或吉语。封泥出土亦甚多，已有学者辑成专书出版。

鸿雁传书是真是假？

相传，不但鲤鱼传书，大雁也传书，故信使又被雅称为"鱼雁""鸿鳞"。

鸿雁传书的故事，典出汉书《苏武传》。据载，苏武出使匈奴，19年不得归。后汉匈通好，而匈奴却诡称苏武已死。汉使至匈奴，探得苏武确息，往见单于，称天子射猎长安上林苑，得一雁，足系帛书，言武在某一泽中。

《驿使壁画》
甘肃嘉峪关5号墓出土的壁画，可见当时驿使传驿的情况

单于闻言，惊视左右，只好向汉使谢罪。

鸿雁传书的出典，原系虚拟之辞。但是，后世越传越真切了。唐人权德舆有诗曰："主人千骑东方远，唯望衡阳雁足书。"

相传，衡阳有回雁峰，雁至则返。因而古语以"衡阳雁断"，比喻音信阻隔。又以"雁足书至"，代指音信相通。其实，汉、唐时代，大概鸿雁一次书信也不曾传递过。然而，人们还是称其为"雁使"，称信使为"雁足"。

可是，在南宋末年，即公元1274年，真的有一只雁充当了元朝的国信大使。

事情是这样的：

元使郝经出使于宋，被禁于真州（今江苏仪征）16年，后得一雁，手书帛书，系之雁足，而纵之，其书曰："零落风高恣所如，归期回首是春初。上林天子援弓缴，穷海累臣有帛书。"

又于诗后书曰："中统十五年九月一日放雁。获者勿杀国信大使。郝经书于真州忠勇军营新馆。"

帛书共59字，秋季放雁，次年春，果为元人得获，进呈于元世祖。忽必烈见书恻然良久，遂决意南伐。两年后，南宋灭亡。这封雁足书后珍藏于元朝秘书监，即皇家档案馆。

自古以来，中国古代的书信多是靠驿传递送的。据考证，商朝甲骨卜辞中可考的驿传馆舍名称不下30余处。西周已在各大要衢设置邮传馆舍。唐朝时邮传馆舍有1600余处，元朝时有驿站万余处。

现在还不能确知商代是否有玺封之制，是否已有书信，但确知已有印章，殷墟曾发现商代的铜玺，并出土附有印文的陶片。同时，也确知已有信奴。他们或乘车，或骑马，迅速将各种信息报告给殷王。

（郭伯南）

符牌，是从古至今被广泛使用的一种凭证。比如存车，用存车牌；商场、车站等公共场所上的小件寄存，都使用形形色色的存物牌；银行存款，也使用凭信牌。这种种符牌，质地不一，形制各异，可大多是成双成对的，乃至有的就是一牌剖开的。有些符牌上或用漆墨编号，或骑缝加盖印鉴，颇类似契约、介绍信的存根与正文。这种凭信方式在中国源远流长，早成为中华文化的内容之一，或可称之为"符牌文化"。

古代信物暗藏哪些防伪系统？

谈起剖物为信的古老风俗，凡熟谙中华文化的就会想到"破镜重圆"的故事。

故事发生在公元 589 年。据唐人孟棨《本事诗·情感》记载："陈太子舍人徐德言之妻，后主叔宝之妹，封乐昌公主，才色冠绝。时陈政方乱，德言知不相保，谓妻曰：'以君之才容，国亡必入权豪之家，斯永绝矣！傥情缘未断，犹希相见，宜有以信之。'乃破一镜，各执一半。约曰：'他日必以正月望日，卖于都市，我当在，即以是日访之。'及陈亡，其妻果入越公杨素之家，宠嬖殊厚。德言流离辛

战国螭虎纹玉合璧
整个璧切成两半,作合符使用

苦,仅能至京(长安),遂以正月望日访于都市。有苍头(老仆)卖半镜者,大高其价,人皆笑之。德言直引至其居,设食具言其故,出半镜以合之,乃题诗曰:'镜与人俱去,镜归人不归。无复嫦娥影,空留明月辉。'陈氏得诗,涕泣不食。素闻之,怆然改容,即召德言,还其妻,仍厚遣之。"

类似破镜重圆的故事,在中国文学、戏剧中是很多的,或以折簪为信,或分对镯为凭,或留只鞋为识,或剖玉为证。民间传说中有个"打锅牛"的故事。相传,明朝初从山西向外移民,洪洞县有牛氏五兄弟,集结到大槐树下,方知同姓不能同迁一地。当知从此要劳燕分飞,天各一方,便匆忙将一口大锅砸成五瓣,各执一瓣,以备将来作为续祖寻亲的标记。时至今日,河南、山东等地,凡姓牛的,素不相识，见面要问的第一句话就是"打锅不打锅？"若双方都说"打锅"，便认为同宗一家。不同时代、不同境遇的人们，大多采取了类似的方法留下凭信物。这反映了共同的文化心态，反映着共有的传统的符牌文化。

符牌文化流行于汉民族，也流行于少数民族。《人民日报》（海外版）曾刊出一个《十二节牛角》的故事，讲述了瑶族剖物为信的往事。

相传，盘瑶先民聚居在一个四面高山环绕、与世隔绝的小平原上。这块小平原叫"千家峒"。千家峒人的始祖盘瓠，生有六男六女，各取一姓，共12姓。他们世代繁衍，于是有了千家峒的瑶人。大约在元代，官府发现了这个好地方，就派粮官进峒收租。千家峒瑶民热情好客，粮官乐而忘返。官府误认为粮官被杀害，就派来兵马血洗千家峒。瑶民被迫逃离。逃离前，峒内12姓聚议，将一只牛角锯成12节。各姓瑶民收藏1节。约定有朝一日复聚时，以之为凭证，将牛角合拢，吹响三声，方准入峒，重振家园。

几百年过去了，这"千家峒"在哪里？经考证它在今湖南省江远县大远瑶族乡。那12节牛角呢？随着瑶民的迁徙，再也未能聚拢。可是，1988年7月，找到了那12节牛角中的1节。它收藏在广西富川柳家乡平寨村盘瑶邓益光家。据邓氏介绍，这件民族信物传承了30多代。每传承一代，都要讲述千家峒的历史和12节牛角的故事。

从这"打锅不打锅"与"十二节牛角"的故事，可见剖物为信的古老风俗在中华民族中影响何其深远。

拥有虎符就拥有半壁江山？

符牌文化中的重要角色，莫过于兵符。兵符中的佼佼者，则莫过于虎符。只要提起虎符，中国人往往会立刻想到"窃符救赵"的故事。1941年，文学巨笔郭沫若在将这故事编写为剧本时，就直题其名曰"虎符"。

《虎符》故事发生在公元前275年。

战国时期，强秦以重兵包围赵都邯郸，赵求救于魏，魏派大将晋鄙统十万虎狼之师往救。可是，魏王慑于秦势，命令晋鄙只能临境观望，不得擅自开衅。赵相平原君心急如焚，一日数使向魏公子信陵君告急。信陵君乃平原君之妻弟，急于往救，可却手无重兵。于是，故事就围绕着信陵君如何取得藏在魏王深宫中可以调兵遣将的虎符而展开矛盾和冲突。最终，信陵君靠魏王宠妃如姬的帮助得到虎符，星夜驰入晋鄙军，合符后，击杀晋鄙，夺得兵权，一举大败强秦，解救了赵国。

虎符这种专用凭信物，原本少为人知。只因了这个脍炙人口的故事，才广为流传。

虎符始于何时？从文献考证，似乎春秋时有"节"而无"符"。"虎符"一名，最早见载于有关信陵君的故事，距今已2200余年。

先秦虎符是怎样的形制呢？文献语焉不详，如姬所窃的虎符也下落不明。可是，先秦虎符在考古中时有发现。如战国晚年秦国颁发给驻守新郪将领的"新郪虎符"，秦始皇铸造的"阳陵虎符"等便是。1973年，在西安东南北沉村出土了"杜虎符"，从而得知先秦及秦虎符的形制。

杜虎符呈走虎之状，虎昂首卷尾。新郪、阳陵虎符，为卧虎之形，均有错金铭文，字数多少不一。

阳陵虎符只有12字："甲兵之符，右在皇帝，左在阳陵。"

杜虎符有铭文40字，文曰："兵甲之符，右在君，左在杜。凡兴士被甲，用兵五十人以上，必会君符，乃敢行之。燔燧之事，虽毋会符，行也。"这虎符只有左半，是秦国君颁发给驻守杜地的将领的。它所出土地方，即古杜

战国阳陵虎符

173

地。离出土地点两千米处，今有一村名"杜城"。

秦杜虎符，文中称国主为"君"，故可确知是秦惠文君在位时（前337—前335）制作的，距今有2300多年。它是至今得见的最古老的虎符，比"窃符救赵"中提到的"虎符"还早半个多世纪呢！

秦以降，兵符形制沿用虎形，也时时略有变通。比如符上加铭文，秦虎符的铭于两侧，两侧铭文相同，不用合符也可通读。汉代所铸虎符，铭于虎脊，符分字也分，若不合符，则无法通读。这很像今之契约、介绍信、存物牌，多在中缝处画押、盖章或编号。因之，可以说，凭信物采用"骑缝制"的始祖，今日有物可以确考者就是汉代虎符，距今已有2000多年。

兵符历魏晋南北朝，形制大体相沿，至唐始大变。唐兵符改虎形为鱼形。这一方面是因高祖李渊之父名虎，要避讳，不能用虎符。另一方面，李唐因得"江上鲤（李）鱼变蛟龙"的神秘预言而得天下，故崇敬鲤鱼，铸成鱼形。武则天称帝，又改鱼符为龟符。因古称灵龟为"玄武"，中含"武"姓，同时也含有改李姓王朝为武家天下的隐义。

兵符至宋代又改称"虎符"。可是形制已如一牌。符牌上部刻篆文，写着某处发兵符，下部铸为虎豹饰。符牌中分，右符左旁有虎豹头四个，左符右旁有四窍，虎豹四头恰与四窍相契合。

契丹、女真、蒙古的兵符受到宋朝所用符牌的影响，也铸成牌形，上加契丹、女真、蒙古文字。如元代所铸虎符，长方形，上端纹饰作虎头状。其下有孔，以便系佩。孔下有蒙文一行，两面相同。这种虎符俗称"虎头牌"。

新郪虎符铭

玉节

有诗曰："文武官僚多二品，还乡尽带虎头牌。"后世"符"这一雅称便渐渐被俗称"牌"所取代。现今的凭信物但称为"牌"，而不再称之为"符"了。

姜太公的钓鱼竿里藏着什么？

"牌"源于"符"，符又源于什么呢？符源之于"节"。

"节"，它是比"符"历史更古老的一种凭信物。在先秦，它的用处相当广泛，质料不一，名目也很多。《周礼·掌节》曰："守邦国者用玉节，守都鄙者用角节。"玉节指用玉做的节，如饰有粟纹的穀璧，上端浑圆的琬圭，下端尖锐的琰圭等，都属玉节。这些都是出使用的。当时用以"起军旅、治兵守"的玉节叫"牙璋"。璋首如刀，两旁无刃，但出有牙，故称"牙璋"。它比虎符还古老。

什么是"角节"？连汉代的大学问家郑玄也说不清。历来学者也无确释。但前面提到的瑶民那"角节"的新发现却很启人心智："角节"当是用动物角所制成。是否也像瑶族那样锯开使用呢？有待于研究。

《周礼·掌节》还说："凡邦国之使节，山国（山区国家）用虎节，土国（平原国家）用人节，泽国（水乡国家）用龙节，皆金也。"金，即用青铜制成的。虎、人、龙，是指节之形，或节上所铸的纹饰。虎节、龙节，皆有实物传世。

《周礼·掌节》又说："门关用符节（用竹做的节），货贿用玺节（钤有印鉴的通商凭证），道路用旌节。"旌节以竹制成，柄长八尺，在竹节上缀牦牛尾为饰物。《汉书·苏武传》说："（苏武）杖汉节牧羊，卧起操持，节旄尽落。"

所指即旄节。

此外，考古还发现有鹰节、雁节、马节、牛节等。

关于符节的起源，有这样一个古老的传说。

商末，姜太公佐周文王打天下。有一次，太公率周军被敌军包围，粮尽兵疲，十分危急。太公派信使突围求援，可信使与文王素不相识，空口无凭，怎么办？太公急中生智，将身旁的钓鱼竿拿过来，折成数节，并以一节代表一事，让信使记下。信使见到文王，一节一节将事说清了。文王将几节竹节合起验看，果然是太公的钓鱼竿，遂发兵往救。

这就是"节"起源的传说。古兵法《六韬·龙韬》称之为"阴符"，即秘密的兵符。

考古发现战国时代的鄂君启节，是楚怀王在公元前323年颁发给鄂君启通过水陆关卡的免税凭证。鄂君启节分"车节"和"舟节"，是青铜铸成的，可是仍铸成带节竹板的形状。鄂君启节共发现5枚，合起来恰好是一个完整的带节竹筒。它们以生动的形象揭示，作为凭信物的"节"，的确是从竹节起源的。铜、玉或角制的节，都是后起的。

战国鄂君启节

符晚于节。关于符的起源，也有个传说。

相传，姜太公发明了"阴符"，后又发展为"阴书"。何为"阴书"？即把书信内容，写在一块竹板上，然后一分为三，派三名使者，各持一块，分三路送往目的地。这样，连信使也不知道所送信的全部内容，只有三块竹板合符，才能揭示全部内容。这故事也见载于兵书《六韬·龙韬》。考古曾发现一种类似的凭信物，即湖南省长沙出土的一种三合玺印，一件玺印可以拆成三份，由不同的人分掌，只有合在一起才能使用。这无疑为"阴书"的可信性提供了一个佐证。

姜太公发明符节的传说，或许不尽真实可信，难免有附会之词，可是，它所揭示的断竹为节、剖节为符的符节发展史的序列，是比较合乎情理的。

"节"，虽未必起源于太公的钓竿，但它却是从竹节起源的。最早的节，大概就是一段带节竹管，先秦时称之为"管节"。管节的始初，有可能就是先民盛箭用的竹筒，名曰"矢箙"。古代猎人相遇，交换矢箙，是一种信任和友好的表示。犹若今日的握手礼，原本是猎人相见，表示两手空空，没有敌意。又如今日交杯酒，表示亲昵，可在先民原是表示敬给客人的酒中没有毒药。管节源于矢箙，是否有根据呢？君不见，汉代君王发给郡守的竹节符，就是盛在竹管里的 5 枚竹箭吗？其箭只有 5 寸长，显然是象征性的。商甲骨文中的"箙"字，也画作一箭筒中装有两枚或三枚箭。"竹使符"与"箙"的象形字，如出一辙，显然不是偶然的。湖北江陵藤店一号楚墓曾出土战国箭箙一件。据报告，该物为"两块半圆形竹筒合成，内漆朱漆，残长 56 厘米，出土时，箙内有箭数支"。（《文物》1973 年第 9 期）"箭箙"的甲骨文象形字、战国矢箙实物，其间都隐含着"节"起源的原始信息。当然，究竟如何，仍有待专家作出科学的考察和论证。

（郭伯南）

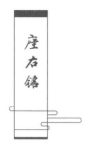

座右铭，可申鉴戒，抒志励行。古往今来，凡在东方文化所及之处，人们早已司空见惯。如今座右铭，已无须铭刻，却仍称为"座右铭"，人皆不以为怪。可是，若说座右铭滥觞于原始社会的一种尖底陶瓶，恐怕就会被认为是天下的奇谈怪论了。然而，这却并非无稽之谈。

座右铭之由来，历数千年，大致经历了以器为戒（有器无铭，以器示喻）、铭物以戒（有铭有器，铭借物喻）、书铭为戒（有铭无器，直书不喻）三个阶段。

座右铭最开始是尖底陶瓶？

一次，孔子到鲁桓公庙参观，见一欹器，即倾斜放置着的陶器，不知其名，遂问守庙人，答是宥坐之器。宥，也写作"侑"，或"右"，意思是"劝戒"。宥坐之器，即放在座侧以示劝诫的器物。孔子说："听说这宥坐之器，虚则欹（倾斜），中则正，满则覆（倾没），果真如此吗？"遂让弟子们取水来验，果然如是。孔子感慨地说："正如古语说的，'满招损，谦受益'呀！"

宥坐，即右坐，也就是"座右铭"中"座右"一词的来源。从这故事可知，孔子所在的春秋时代，传统的劝诫

《孔子观欹器图》
【明】佚名 绘

之器，只有器而无铭。

鲁桓公庙里的欹器，后来失传了。汉代张衡、南朝祖冲之等许多古代科学名家都研制过，可是，他们研制的，后来也又都失传了。令人欣然的是，这种古老的欹器在新中国考古中又被发现了。它比孔子所见的还要早 3000 多年，是一种小口尖底、大肚便便、附有双系耳的陶瓶。仰韶文化的先民早在 6000 年前就用它在河中汲水。

这种尖底瓶，腹大底尖，空瓶放置是倾斜的（"虚则欹"）；悬于水面，受水浮力，即倾倒注水，水至半瓶，重心下移，瓶身则自动端正，浮于水中（"中则正"）；若注满水，瓶身就覆没于水中（"满则覆"）。先民巧用水的浮力与瓶子注水时重心下移的原理，制成的这种汲水器，其质料、形制、特点，与孔子所见者何其相似乃尔！这种尖底瓶，在黄河流域的原始文化多有发现，有些考古学家认为这就是古人说的宥坐之器！

关于宥坐之器，先秦时代就有三皇五帝有劝诫之器的传说；夏代时，与大禹同时的伯益就讲过孔子说的那句"满招损"的古老格言；殷甲骨文中有一字形作两手捧一尖底瓶，呈倾斜之状，古文字学家于省吾释其字作宥坐的器名"欹"；周公后裔又将之置于庙堂之上。显然，以器为戒，是中华文化中一种肇端久远的风俗。

西汉时，公孙弘以布衣被选为宰辅，临行时，同乡邹长倩送他三样东西：一束刍（青草），一卷丝，一个扑满。公孙弘未解其意。邹长倩说："生刍一束，是借用《诗经·小雅·白驹》中的一句话：'生刍一束，其人如玉'，愿你安于德操，守身如玉。丝，是很细的，但可积之如线、如绳、如缆。由此可知，事物总是由小到大，由微至著的。愿你不要忽视小事，不要以善小而不为。扑满，这存钱的陶罐，有入口而无出口，一旦装满钱，就被打碎。愿你不要聚敛无度，要以扑满为戒。"

1956 年到 1975 年，新疆吐鲁番阿斯塔那发现 500 座古墓，其中一座盛唐古墓中有六幅壁画。中间四幅壁画的是四个自励德操的人物。左边一幅画一欹器，右边一幅画一扑满，旁有一捆草、一卷丝。这幅壁画生动地再现了古代以器励志的风俗。

马家窑旋涡纹彩陶尖底双耳瓶

铭物为戒始于何时？

相传，周武王初继位，问古代帝王鉴戒于师尚父（姜太公）。答曰：古代帝王居民之上，却不自安，兢兢如履薄冰，翼翼乎惧不敢息！师尚父又取出丹书（相传是文王时赤鹤衔来的。故神其事，以示劝诫），告之曰："敬胜怠者，吉；怠胜敬者，灭。义胜欲者，吉；欲胜义者，凶。"

武王闻之，诚惶诚恐，退而书铭于物以自戒。几，铭曰："安勿忘危，存勿忘亡。"鉴，铭曰："见而前，虑而后。"觞，铭曰："乐极则悲，沉湎致非。"矛，铭曰："造矛造矛，少间弗忍，终身之羞。"鞭，铭曰："马不可极，民不可剧。马极则踬，民急则败。"以及屋内的门上、窗上、柱上、席的四角，到处都书之以铭，借以自警。

又相传，周太庙里有个金（铜）人，口部用布帛缠封了三匝，即所谓"三缄其口"。背上有铭曰："无（勿）多言，多言多败；无（勿）多事，多事多患。"云云。

这就是武王闻丹书和"三缄其口"的故事。故事可能为编撰，并不可信。但故事中说的古人记取鉴戒，由以器为征，进而发展为铭物为识，从无铭到有铭，这一点当是可信的。

那么，铭物为鉴始于何时呢？

汉蔡邕、南朝刘勰，以及近代刘师培等学者都有过考证，都认为铭创始于黄帝，尔后，禹铭簨虡（古代悬挂编钟编磬的木架，横曰簨，直曰虡），汤铭浴盘，武王闻丹书铭于几席，由来远矣。

这些说法，虽似有所依，皆为以讹传讹。从今日考古学看，都难以置信。

黄帝有铭，见载于《汉书·文艺志》，列之于道家著作之类。其书已佚，真伪难辨。其实，为后人所伪托可知。何以知之？5000年前，尚无成熟的文字，焉能作铭呢？

禹铭之说。语出先秦《鹖子》，其言汤汤，其意不古。史有禹鼎之载，却无刻铭之言。今日考古，尚未见夏器有铭者。

　　武王故事，前已言及。西周青铜器铭文甚多，有长达近500字者。然多为记事、称功、书史之文，未见有若几席之铭者。

　　先秦青铜器铭，堪称借物喻义，以申鉴戒之文字，见之著录者有一带钩铭。原录于宋人王俅的金石学著作《啸堂集古录》，称之为"夏带钩"。上有鸟书33字，为四言八句的箴铭。另有一字铭于钩尾以点题。箴铭借钩之特点以喻义，倡言"宜曲则曲，宜直则直"。颂扬折中之德，即中庸之道。钩尾点题之字为一"允"字，也是折中之意。

《啸堂集古录·带钩》

带钩为鸟书，鸟书始于春秋后期，战国末已衰。因之可知带钩非夏代之物，乃战国服器

战国服器已有箴铭，故可证铭物为戒肇端于先秦。从青铜器铭的发展看，目前已知，夏器无铭；商铭简略，多为记名；周铭较长，多称美先人功德；春秋中叶以降，铭辞方多文饰。依此推想，箴铭铸之于器，最早可能出现于春秋中叶。

铭器申鉴之风，汉代始盛。历魏晋南北朝，铭家辈出。诸如扬雄、冯衍、班固、崔瑗、李尤、蔡邕、曹丕、傅玄、裴骃等，皆有名作传世。有的一人所制之铭，多达 120 篇。其中佼佼者，当推崔瑗、蔡邕。

中国第一篇座右铭是什么？

书铭为戒的创始者为崔瑗。书铭无须借物为喻，而是直陈鉴戒之词，不再铭之于器物，而直书于纸帛。它不再是宥坐之器，而是宥坐之铭，故唤"座右铭"。

崔瑗，字子玉，东汉书法家。涿郡安平（今属河北省）人。年少时，抱负宏远，锐志好学，但血气方刚，好意气用事。其兄崔璋为人所杀，官府受贿，不究其凶，瑗拔刀而去，手刃其仇。由是，亡命他乡，历尽苦难。3 年后，幸逢大赦，方得归故里。

崔瑗经此艰难，荒废了学业，悔恨不已。痛定思痛，自己检点血气之勇的失误，援笔作铭一篇，置诸座侧，朝夕悟对，以求自新。久而久之，与先前判若两人。"高于文辞，尤善章草"，闻名遐迩。当时有"草圣"之称的张芝，也要以他为师呢！他所著的赋、碑、铭、箴、草书，凡 57 篇，流传于世，识者视为珍品，竞相收藏。

崔氏《座右铭》曰：

无道人之短，无说己之长。施人慎勿念，受施慎勿忘。

俗誉不足慕，唯仁为纪纲。隐身而后动，谤议庸何伤。

无使名过实，守愚圣所臧。柔弱生之徒，老氏诫刚强。

在涅贵不缁，暧暧内含光。硁硁鄙夫介，悠悠故难量。

慎言节饮食，知足胜不祥。行之苟有恒，久久自芬芳。

译为白话就是：

不要揭别人的短，不要说自己的长。帮过别人要忘记，受人恩惠不能忘。

世俗荣誉不足羡，处世以仁为纪纲。甘于幕后做好事，诽谤非议有何妨。

千万不要务虚名，圣人守愚不自彰。柔者最有生命力，老子主张柔克刚。

身处污黑贵不染，人处逆境心有光。浅陋固执乃小人，君子悠悠有雅量。

言谈谨慎食有节，知足常乐免祸殃。持之以恒去实践，日久天长品德芳。

这篇百字格言，就是东方文化中的第一篇座右铭。

崔瑗铭历来受到世人的称赞。唐杜甫看了甚至要戒酒，说"忍断杯中物，只看座右铭"。白居易也十分景慕，书之屋壁，以之自励，久而久之感到"似有未尽者"，故命笔为之续。白氏《座右铭》，旨在安然守道，不以贫富、贵贱、毁誉、荣辱为意，而看重自身品德行止的修养。如其有言曰："闻毁勿戚戚。闻誉勿欣欣，自顾行如何，毁誉安足论。"大凡如此。

古之座右铭，多重鉴戒与内省，尚愚而贵柔，其言谦谦，却只以一己

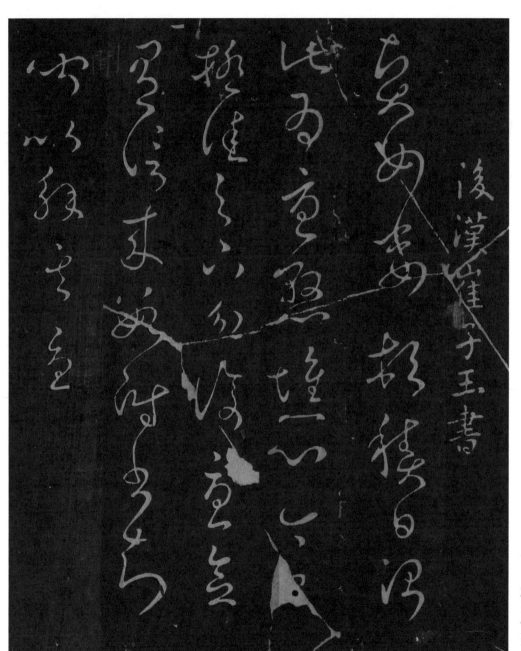

《贤女帖》【东汉】崔瑗 书

为念。这乃历史时代所使然，不可苛求于古人。

　　至近百年，由于内乱外辱，时事维艰，振兴民族正气成为时代之伟任，故在志士仁人中以座右铭中，抒怀励志，蔚然成风。其内容之主流也为之大变。或以"先天下之忧而忧"自律，或以"天下兴亡，匹夫有责"自励，或以"横眉冷对千夫指，俯首甘为孺子牛"自勉，将民族的呼唤、革命的誓言，铭于心骨，从而造就出无数的时代先驱，炎黄赤子，民族精英，华夏国魂，终于使中华民族巍然自立于世界民族之林。

（郭伯南）

　　大家熟知的名片是印有姓名、身份、联系方式的小卡片。人们在互相结识或者探访亲友的时候，往往要赠送名片，以介绍自己，便于日后联系和沟通。

　　如今大家越来越少用到纸质名片，取而代之的是在社交网络上互换电子名片。

　　名片在中国有着古老的历史，经历了谒、刺、帖、片几个历史阶段。

简牍时代的名片是什么样的？

　　有个故事说：

　　秦末刘邦聚众起义，驻军高阳。儒生郦食其要见刘邦，就"踵军门上谒"。可是，刘邦讨厌儒生，不见他。郦食其火起，瞋目按剑叱使者曰："走！复入言沛公，吾高阳酒徒也！"使者惧而失谒，跪拾谒，还走，复入报曰："客，天下壮士也，叱臣，臣恐，至失谒。"

　　这是《史记》里讲的一段故事，四次提到"谒"，"上谒""失谒""拾谒""失谒"。这里说的"谒"是什么？从行文看，当是类似今日名片的东西。"谒"是什么样子？南宋学识渊博的张世南曾感慨地说："士大夫谒见刺字，古制莫详。"原来这早已是个文化之谜。

然而，今日考古学家却解开了这个文化之谜，他们在地下找到了三国时代的多枚谒，其中有 3 枚谒是东吴大将朱然的。因而，谒的形制、写法，一目了然。

朱然的谒，长 24.8 厘米，宽 9.5 厘米，厚 3.4 厘米，是经刨光了的木板，未加髹漆，比之今日纸制名片大了太多。

谒上，靠右侧近边处有一行小字，为"持节右军师左大司马当阳侯丹杨朱然再拜"。

"右军师""左大司马"都是官名，"当阳侯"是爵称，"丹杨"是籍贯。谒板正中上端书一个"谒"字，与上文连读，则是某某"再拜谒"，即再三恳求拜见。可以说，这是名片的已知的最古老的书写式样。

"谒"始于何时？

郦食其见刘邦，是在公元前 207 年，那时，秦二世还称孤道寡呢！秦的官制设有典谒官，称"谒者"。谒者的长官称"仆射"，也叫"大谒者"。释为今文，可以叫"礼宾司司长"吧！

秦设"谒者"之先，"谒"作为古代"名片"早已被使用了。战国时，有合纵家苏秦、连横家张仪，《史记·张仪列传》载："张仪之赵，上谒求见苏秦。"苏秦辱仪，仪怒而入秦。时在公元前 328 年。如果司马迁的行文在这里没有弄错，那就可以说张仪所上之"谒"，是可以确知的最古老的木质名片，距今至少也有 2300 年！

如何投送名片才能不失礼？

古代有个故事，叫"遍谈百刺"。三国时，魏国大将夏侯渊有个儿子，是个神童，叫夏侯荣。日诵千言，过目

朱然的谒

辄识，七岁能诗文。皇帝曹丕听说后召见他，宾客有上百人，人各一刺，上书爵里姓名。荣一过目，与之接谈，不谬一人。人人称奇。

故事中说的"刺"就是"名刺"。这种新的名片，兴起于汉末，流行于六朝，尤以魏晋为盛。从上书故事"人各一刺"可知，刺的使用在士大夫中是相当普遍的。又有故事说，汉末郭泰为士林所仰慕。他游洛阳，路人投刺，常常"载刺盈车"。南朝夏侯叔人，以孝闻乡里，人争与相交，家中"积刺盈案"。有趣的是，还有以投刺为嗜好的。南朝梁人何思澄，每晚都削木书刺，天明即驾车外出投刺访友，晚上归来，一大把刺也就投光了，天天如是。

那个时代，人们不仅生前用谒、刺，也用谒、刺随葬，供在阴间使用。若是"拜见"神仙，不用竹简木刺，而用"金简玉刺"。

"刺"是什么样子？正如宋人已不知谒、刺形制，清代著名学者赵翼也分不清什么是谒，什么是刺。他在《陔馀丛考》中说："汉时谓之谒，汉末谓之刺。"《辞源》上更引申说："西汉时叫作谒，东汉时叫作刺。"显然，都认为谒、刺同为一物，因时代不同而有不同名称。其实，这几乎已成定论的见解，却不尽然。

谒与刺相类，却并非因时代不同而名称不一。三国朱然墓中出土有谒 3 枚，同时还出土刺 14 枚。两者的大小、书写都不尽相同。

谒与刺的长度，都约为汉制 1 尺。但谒既宽又厚，刺则窄而薄。刺宽 3.4 厘米，约为谒宽的 1/3；刺厚 0.6 厘米或 0.4 厘米，约为谒厚的 1/6。谒上的爵里姓名书写于右侧，正上方书一"谒"字，而刺只在正中书写一行。行文有的书写爵里，称"爵里刺"，也有的不书写爵里，只书"弟子某某再拜"。但多加"问起居"的问候语。

综而观之，谒的形制、称谓都比较郑重，也都是用于下对上的，有明显的等级色彩，是一种古老的大名片。刺的内容、形制，简便而亲切，虽也有用于下对上的"下官刺"，但主要是用于士大夫间，以通爵里姓名，是一种小名片。

试问这种小名片，为何不称"谒"，而改称为"刺"呢？这个小小问题，却是1700多年以来众说纷纭，莫衷一是的学术问题。归纳起来，主要有三说。

汉朝刘熙《释名》认为"刺"是指书写。曰："书曰刺，书以笔刺纸简上也。"

南朝梁人刘勰《文心雕龙》认为"刺"是通达的意思。曰："刺者，达也，若针之通结也。"

明朝田艺蘅《留青日札》认为"刺"是指削竹木。曰："古者削竹木以书姓名，故曰刺。"

他们分别从书写、作用和制作的不同角度作了各自的解释，各成一家之说。笔者以为，谒的意思是请求接见，刺的意思是通报姓名，两者所用有差，《文心雕龙》所释较为近是。

《观榜图》（局部）【明】仇英 绘
中榜的考生要四处拜访位高权重的官场前辈，并拜之为老师，以便将来提携。而要拜访之前，必须先递"门状"

名片在社交场中承担什么角色?

纸,早在汉代就发明了。但在南北朝时,还多削竹木为刺。唐代始用纸书刺,时称"名帖",也称"名纸""名刺"。

唐宣宗时,科举的主考官郑镐收到一份名帖,是用大红纸书写的,上书:

乡贡进士　　李忱

主考官见了这份名帖,惊喜万分。原来,那李忱就是当今天子。他谦称自己为"乡贡进士",又亲送名帖,这表示他对这次科考的特别关照。

又有史料记载,京都长安有座"平安坊"。那里青楼栉比,乃风流渊薮。当时的风尚,凡科考金榜题名的,每每都要亲书红笺名帖分致各楼,邀定姣好,游乐其间。

唐人的名帖,多用红笺。讲究的名帖,还要用泥金书写,比之竹木制成的谒、刺显贵多了。但是,这种名帖却已失去了谒的等级性,也没有刺的那种高逸之风了。从上述故事可知,名帖已成为交际中的通常用品,上

到天子，下到青楼，几乎什么人，什么地方都可以使用了。

"刺"之名虽见于汉末，可是"名刺"一词在现存古籍中却最早见之于唐代。诗人元稹《重酬乐天》诗中有"自投名刺"的话。宋元及以后"名刺"与"名帖"之名相沿并用。日本至今仍称名片为"名刺"。由此可见，名刺早在唐代时就传入日本。

宋代通行一种叫"门状"的名片，内容比较复杂，像一封短信。这多是下属求见上司时使用的。这种门状呈进后，上司在门状后加了"刺引"，才可以进见。犹如今日得到首长画圈、签字，即批准，才可觐见。这种门状比之名帖要郑重得多，严肃得多。有点儿类似古代用的"谒"的性质。

张世南《游宦纪闻》中载有一门状，是这样写的：

医博士程昉

　右昉　谨祗候

　参节推状元　伏听裁旨

牒件如前　谨牒

　　　　治平四年九月　日　　医博士程昉　牒

这是公元 1067 年医博士程昉等候参拜某状元的一封求见信，即门状。节推，为一种官名，本义为曾受到节度使推举的判官。从书写格式及后世的此类实物推断，这种门帖是用纸折成的折帖。首行"医博士程昉"是写在封面上的，其余内容写入折内。

"门状"制作甚为讲究。有的门状用红绫制成，赤金

为字。有的门状就是一幅织锦，其上大红绒字也是织成的。呈递门状时，还要加上底壳。下官见长官，用青色底壳。门生初见座师，则以红绫制底壳。如此名片，即使是在今日也属豪华型的。

这种"门状"，也称"门帖"，因有明显的等级色彩，在称谓上与一般"名帖"也大不相同。一般名帖，只写作"某谨上　谒某官　某月日"。

门状则不同了，在称谓上，往往要降低自己的身份，谦称"门下小厮""渺渺小学生"之类，借以抬高对方。明代有本历史传奇剧，名《精忠旗》，其中有个故事。

有天，秦桧的奸党何铸、罗汝楫、万俟卨要一起拜谒秦桧，共商与金兵议和之事。他们名帖上的具名，一个写"晚生何铸"，一个写"门下晚学生罗汝楫"，一个写"门下沐恩走犬万俟卨"。何铸见了自叹弗如道："约定一样写'官衔晚生'，为何又加'门下晚学''沐恩走犬'字样？这样我又不济了！"

古代名片，都要自己亲笔手书，以示敬重。北宋时，苏东坡、黄庭坚、晁补之、张末等一代名流，也都是自己手书门状、名帖。古人重文墨，一帖名纸，往往就是一帖书法杰作。故早在北宋时，就出现名帖收藏家，并将所藏选刊刻石。《游宦纪闻》等书中，谈到《元祐十六家墨迹》，就是最古老的一部名帖集。中国最古老的贺年片，即秦观贺正旦的名帖，就是这样被流传后世的。

名帖的样式，历元、明至清，均相沿不改。清末时，名帖使用很多，从保留下来的名帖看，有的已注明详细地址，有的还加写个人简况，有的附有短语，如"请安谢步"，表示只为问候而来，勿烦主人回访。也有的写上"拜客留名，不作别用"，意在以防被人利用为非作歹。当时还没有照相技术，否则也会像今日名片一样，附上一张照片了。

当时盛名片的盒子，称为"拜匣"，长尺余，宽数寸，或皮制，或包锦，都很豪华。

清末驻华的各国使节，也都使用中国式的名帖。学者吴晓铃先生收藏的大量拜帖，就有1900年八国联军侵华时，英、奥、俄、德、比、日几国公使的名帖。这些名帖都已成为历史的证物。

1911年辛亥革命之后，铅印名片兴起，逐渐少有亲笔书写的了。中国有木刻艺术家自己刻版印制名片的。有的还刻上自画像，一张名片，往往就是一件艺术杰作。

（郭伯南）

《竹亭对棋图》【明】钱穀 绘
左侧捧着拜匣的小童正在过桥

　　每逢辞旧迎新之际，亲朋好友之间往往用贺卡互致新年祝福。只是随着互联网的普及，大家越来越少用纸质贺年卡，而更多的是在社交网络上发送祝福短信，或用电子贺卡表达祝福。

　　这在中国已有上千年的传统。中国有千余年使用贺年卡的悠久历史，因而被称作"贺年卡的祖国"。在这里，我们就试着说说年、贺年、贺年卡的起源和发展。

"年"起源于什么？

　　贺年卡，顾名思义，是贺"年"的。

　　先民"日出而作，日入而息"，并没有什么"年"的概念。现住在菲律宾棉兰佬南部森林岩洞中的塔桑代人，仍过着旧石器时代的原始生活，他们的语汇里就没有"年"。谁也不知道自己的年龄。

　　营农耕生活的先民，最为关注的是一年中作物的收成。这从商甲骨文中的"年"字刻作一人躬身负沉甸甸的穗禾的象形就可看出。

　　《说文解字》释年字即曰："谷熟也。"《穀梁传》曰：

"五谷皆熟为有年，五谷皆大熟为大有年。""有年"即有收获，"大有年"即大丰收。至今汉语说收获如何，仍曰"年景"几成，或"年头"好坏，"年"的古义犹存。

"年"，又称"岁"，有一春联为证：

一夜连双岁，五更分二年。

这里的"岁""年"是对称的，也是相通的。"过年长一岁"。"年""岁"也是相连的。

《大傩图》
【宋】佚名 绘
表现了人们在冬日展开驱除疫病活动的风俗画。从画面来看，还有许多农具，可见除了驱除邪祟，还有祈求丰收的意味

"岁"是怎样来的?

《尔雅》记载:"夏曰岁,殷曰祀,周曰年。"可知"岁"始于夏代,有4000年历史了。

"岁"的意思是什么呢?

"岁"的本义指岁星,即木星。木星沿黄道带运行,约12年1周天。古人就将周天划分为12个方位,称12次。木星每移位1次,就叫1岁。每次都有特定名称。如《左传》上有句"岁在鹑火"。"鹑火"指正南方。这是岁星纪年法。先秦古籍多是如此纪年。用干支纪年是汉代才开始的。

"岁"字,在西周金文中多次出现。在商甲骨文中也多次出现。看来,"夏曰岁"的记述当是可信的。因之可以推想,在古埃及人观测天狼星与太阳同升以确定新年的开始之时,古代中国就以木星运行来纪岁了。

"五谷皆熟""岁星行次",这就是上古时代的年岁观。

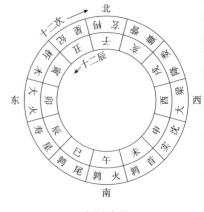

岁星纪年图

古人何以觉得过年是负担?

贺年,按古义解释,就是庆丰收。

商朝时,人们在收获之后,要举行祀天大典,时间是冬至。一年一祀,故商人称年曰"祀"。

中国乡间,一进腊八,就进入年节了。元旦是大年。到二月二日"龙抬头",春耕又开始。年节也告结束。这正是古代周人节令的遗风。

祀年,不但要祭神、驱鬼,也要娱人。《诗经·豳风·七月》曰:

九月肃霜，十月涤场。

朋酒斯飨，曰杀羔羊，

跻彼公堂，称彼兕觥，

万寿无疆！

　　这诗句描绘了一个热烈的贺年情景，地净场光，新年到了，父老兄弟，欢聚"公堂"，拿出春酒，杀猪宰羊，高举酒杯，相互祝愿"万寿无疆"。在这元日良辰，泥脚子也登上"公堂"，开怀畅饮，彼此都沉醉在丰收喜悦之中。

《豳风图卷》（局部）

【南宋】马和之 绘

先秦的民间风俗，到了汉代朝堂上，形成"岁朝之礼"。

汉高祖七年（公元前200），长安城内的长乐宫落成，恰逢新岁之始。元旦那天，文武百官东西排列成两列，五更天前就在宫前候驾了。皇帝刘邦的御辇一到，文武山呼："吾皇万岁万万岁！"皇帝坐上御座，诸侯百官依序进见奉贺，也就是拜年。那气氛庄严而热烈。这位流氓无产者出身的皇帝刘邦，向导演这场典礼的大儒叔孙通说："我今天才知道当皇帝如此尊贵啊！"

汉制规定，岁朝之礼，除朝贺外，还得奉礼。诸王公侯要奉献玉璧，薪俸2000石以上的大员要奉献羔羊，薪俸再少的依次奉献大雁、野鸡。皇帝受了礼，也赐宴群臣，共度佳节。

岁朝宴会上，除举杯祝福，相互祝贺，还往往论经谈史，颇为风雅。汉代重《经》，即儒家经典，宴席间往往辩诘经典的疑难，形若学术讨论会。若遇诘难而答辩不出，则要退席让贤。东汉初，有名戴凭者，学识渊博，精通《易经》。在一次岁宴上，连座50余席，轰动朝野，京城传为佳话。时有谚曰"解经不穷戴侍中"。

元旦酒会，在北齐时，成了皇帝考试百官的考场。出卷答题，若有错漏，即喝令退席。若字迹滥劣，则罚饮墨水一升。中国人形容有知识的人叫"喝过墨水"，典即渊源于此。

岁朝之礼，在唐代仪轨甚严。著名书法家柳公权，朝贺时将皇帝的尊号"和武光孝"，误呼为"光武和孝"，"和"与"光"两字次序颠倒了，即被罚俸一年。柳公权时已80高龄，如此苛责，几乎不近情理啊！

岁朝之礼，到了明、清，已形成一套僵化了的繁文缛节。从皇帝到大臣，为参加这一大典，从夜半起，一直要忙到中午时分，拜天地，祭祖宗，朝君王，拜同僚，揖故旧，作揖叩头，有若捣蒜，人人都闹得饥肠辘辘，腿软腰酸，筋疲力尽，叫苦不迭。

这种"贺年"风俗，不仅在宫廷朝堂、府邸、都城里如此，也遍及城

《岁朝佳兆图》〔明〕朱见深 绘

新年悬挂钟馗是一项重要的风俗活动。图中画的钟馗，一手持如意，一手扶在小鬼的肩头，小鬼手捧盛有柿子和柏枝的托盘，寓意"百事如意"。

镇乡野。过年时亲友间拜年，少则数日，多则半月，应酬不暇，好不烦人。这样，"拜年"就从原始简朴的庆丰收的习俗，演变成一种程式化的陋俗了。

贺年卡的发明全因拜年太辛苦？

拜年，成为佳节的重负，古人早就感觉到了。故而《燕京岁时记》中有"亲者登堂，疏者投刺而已"的记述。刺，即名刺。投刺，即送张名片，代替登门拜年。这就是"贺年片"的由来。

中国古老的名片叫"谒"，起源于先秦。后来，出现一种比谒小的小名片，即为"刺"。刺在汉魏都是削竹木制成的。唐代始用红笺制成名帖，也即名片。

名片的起源虽然很早，但用名片贺年却较晚。现在文献中记述得最早的一张贺年卡是北宋文学家秦观的。其文曰：

观　敬贺

子允学士尊兄

正旦

高邮秦观手状

秦观这帖"手状"，即900多年前贺年卡的一种写法。

贺年卡的致送和答拜多不亲往，而是派奴仆去递送。南宋学者周密，在杭州癸辛街编录的《癸辛杂识》中有个吴四丈易刺的有趣故事。

余表舅吴四丈，性滑稽。适奉元日，欲投贺刺，无

仆可出，徘徊于门。恰逢沈家仆送刺至，遂引其至堂，酒肉相款。沈家仆酒足饭饱，抱刺一一投去，未觉有故。其所投皆吴刺也。乡里传为笑谈。

又据南宋学者曾慥《类说》载，五代时就有个"陶穀易刺"的故事，吴四丈只不过仿效陶穀也和投刺人开了个玩笑罢了。

陶穀，生于唐，卒于宋，是五代时的著名学者。若这故事可信，那么，贺年片的历史比秦观在元祐年间写下的那最早的贺年片还早100多年。这就是说，贺年片在中国的广泛使用当在五代，或在五代以前，迄今至少有史千年。

贺年片，千余年来使用日趋广泛。在官场中，成为一种交际方式。平日未必相识，元日也要望门投刺。宋代江休复撰《邻几杂志》载，有位执政官深苦此事，故吟诗曰：

　　　躁因修贺刺，懒为答空书。

的确，如果长时间书写这种千篇一律的贺年片，也是令人烦躁的事。可是，这总比在元日，"貂裘莽服，道路纷驰"，车水马龙，犹恐人后的亲往要好得多吧！贺年片用之甚滥，甚至平素无往来，道路不揖者，过年了，也要送上一张贺年片。这就给"投刺者"带来很大负担，于是送贺年片的仆人就到门口喊上一两声，留下贺年片就走。主人闻声开门，送帖人早已不见。故在杂剧中有台词曰："那送帖的比兔子跑得还快。"因之，贺年片得个雅号，名曰"飞帖"。

明清时，许多人家过节在门上贴个红纸袋，上书姓名，以接飞帖。这纸袋名曰"门簿"，又叫"接福"，也称"代僮"。

（郭伯南）

古人的娱乐

潮玩

木偶

提起木偶，大多数人会想到那个调皮可爱、一说谎鼻子就会变长的匹诺曹。殊不知，中国木偶艺术源远流长，诞生于其他各种剧种之前，被称为"百戏之祖"。刻木机关造为偶，提线执杖皆称戏，一口道尽千古典故，指掌演绎悲欢离合。

木偶在战场上帮刘邦死里逃生?

相传，三百六十行，行行有源流，行行有鼻祖。开茶馆的供奉陆羽，卖豆腐的祀刘安，木瓦工匠尊鲁班。那么中国木偶艺术这一行，肇始于何时，尊祖于何人呢?

有人认为，唐代佛教盛行，崇拜偶像，始有木偶之戏，于宋世乃盛。稽诸典籍，记述很多。《全唐诗》有唐玄宗作木偶诗一首："刻木牵丝作老翁，鸡皮鹤发与真同。须臾弄罢寂无事，还似人生一梦中。"

显然，诗中所述鹤发老翁木偶，是以牵丝舞弄的一种悬丝木偶。这是盛唐已有木偶的根据。其实，初唐木偶戏已颇盛行。不仅有文献可考，且有新疆吐鲁番唐墓出土大批傀儡俑证明。

唐大历年间（766—779），木偶戏中有一精彩节目，即尉迟敬德大战突厥。《封氏闻见录》记载说："机关动作，

《傀儡婴戏图》

【宋】苏汉臣 绘

三个小孩儿在玩傀儡戏，一个在简易架子后操纵傀儡，前面还有一个在敲打乐器，另一个在半蹲着观看

不异于生。"可见当时木偶艺术是相当动人的。

唐人杜佑《通典》称：时称木偶戏为"窟儡子，亦曰魁儡子"，即傀儡子。至今，中国民间仍有是称。这种艺术，在唐代"闾市盛行焉"，大街小巷都可见到，可见其时已颇为盛行。当时，木偶戏不仅流行于中国，"高丽之国亦有之"。

宋代木偶艺术则普及乡间，得到了更为广泛的发展。1977年，河南济源董掌村出土两个宋代瓷枕，一大一小，上绘有儿戏画，画中有两幅木偶戏图。一幅是杖头傀儡图，傀儡身着长袍，前置一玩具，为狗赶鸡，也叫鬼推磨。另一幅是悬丝傀儡图，所绘为一老翁，作弓腰拄杖，步履艰难之状，以三根丝线悬于杖头，一儿童正执杖牵丝玩耍。傀儡已成为民间玩具，可见当时的盛况。

综上可知，木偶艺术并非源于唐、盛于宋，唐宋时代已是它的鼎盛时期了。

早在唐代时，就有人认为木偶起源于汉代。

唐音乐家段安节在《乐府杂录》中说：傀儡子起于汉初，陈平造。这里还有个故事：相传，公元前200年，汉高祖刘邦被匈奴冒顿单于围困在平城白登山（今山西大同市东北）。谋臣陈平为求解脱计，访知这位匈奴大单于有好色之心，而其妻阏氏又甚有妒意，便刻木为偶，形若绝色美女，安上机关，让它在城上翩翩起舞。果然，阏氏一见妒心顿起，恐怕城破后冒顿得此"美女"而自身失宠，于是引兵自去，遂解白登之围。

据说，这木偶为退敌立下了奇功，刘邦便将它藏于宫中。"后乐家翻为戏具，即傀儡也。"

这个木偶起源于公元前200年的故事，出自唐人之笔，但汉代史册却未见记载，恐难以令人凭信。究竟是陈平创制的木偶，还是当时已有木偶之戏被陈平利用，仍有待考证。

木偶戏最开始是娱鬼的？

《旧唐书·音乐志》另有一说：傀儡子，"作偶人以戏，善歌舞。本丧家乐也，汉末始用之于喜会"。这段文字记载了一个重要问题，即木偶戏原为丧家乐，是娱鬼的；汉末方用之于喜庆嘉会，改为娱人的艺术。

这话是有根据的。东汉应劭著《风俗通义》是部记录当时风俗的书，也记载了这件事。同时，记载木偶戏还因此遭了一场千古不白的冤案呢！

据记载，汉末灵帝时，京师洛阳凡有宾婚嘉会，都要表演傀儡戏，与会者酒酣兴浓，就唱起挽歌来。木偶戏原是娱鬼的，挽歌也是唱给死人听的哀歌，是不吉利的征兆。不久，灵帝死，天下大乱，洛阳遭劫，"户有兼尸，虫而相食"。当时，人们埋怨说："这可应了耍傀儡、唱挽歌的凶兆了！"

古人多迷信，原不足怪。今天，从这一记载中可以看到，在木偶艺术的发展史上，至汉末灵帝时是一大转折，它已不仅是丧家乐中的一个节目，而且成为一门独立的、受到当时人们普遍欢迎的艺术种类。

《风俗通义》还记载，当时木偶戏叫傀儡子，可世人却另给它起了个诨号叫"郭秃"。据考证，郭秃，姓郭而病秃，邯郸人，为人滑稽，善戏谑，人称之郭秃。人刻木偶为郭秃形象以为戏，轰动一时。因之，但凡言及傀儡子，就直称"郭秃"。郭秃，后亦称郭公，有歌曰："邯郸郭公九十九，技两渐尽人滕口"云云。"滕口"指开口放言的说唱艺人。

从这故事看，"滑稽郭秃"堪称迄今可知的木偶戏剧史上一个最早的节目与艺术形象。汉末时，木偶戏已塑造

《太平风会图》（局部）

【元】朱玉 绘

这幅画描绘了14世纪元朝市井生活的风俗画，这部分刻画了木偶剧的表演场景

出了如此脍炙人口的艺术形象，并作为傀儡戏一开场就首演的传统节目流传六七百年。可以说，木偶艺术史已脱离其原始阶段而跨入艺术的成熟期了。可见，木偶起源当早于汉。

西周偃师造的木偶会唱歌跳舞？

唐代也有人认为，木偶起源于西周。唐代林滋所撰《木人赋》说："周穆王时有进斯（木人）戏。"今人也有的认为：中国木偶艺术起源于周，其根据是《列子·汤问》中的一段故事。

"周穆王西巡狩，越昆仑，不至弇山，反还，未及中国，道有献工人名偃师。穆王荐之，问曰：'若有何能？'偃师曰：'臣唯命所试，然臣已有所造，愿王先观之。'穆王曰：'日以俱来，吾与若俱观之。'

"越日偃师谒见王。王荐之，曰：'若与偕来者何人耶？'对曰：'臣之所造能倡者。'穆王惊视之，趋步俯仰，信人也。巧夫！鎮其颐（揿动下巴），则歌合律；捧其手，则舞应节。千变万化，惟意所适。王以为实人也，与盛姬内御并观之。技将终，倡者瞬其目而招王之左右侍妾。王大怒，立欲诛偃师。偃师大慑，立剖散倡者以示王，皆傅会革、木、胶、漆、白、黑、丹、青之所为。王谛料之（仔细推敲）：内则肝、胆、心、肺、脾、肺、肠、胃，外则筋骨、支（肢）节、皮毛、齿发，皆假物也，而无不毕具者。合会复如初见。王试废其心，则口不能言；废其肝，则目不能视；废其肾，则足不能步。穆王始悦而叹曰：'人之巧乃可与造化者同功乎？'"

《清明上河图》（局部）【明】仇英 绘

偃师所造之木偶，真可谓"巧夺天工"。因为这个故事，木偶艺术又被誉为"偃师戏"。偃师也被尊为木偶艺术之鼻祖。

然而，《列子》一书，署名先秦人列御寇著，其实并非先秦古籍，当然，其中不乏先秦史料。上述故事，是否为先秦史料呢？现代学者季羡林教授曾考证之，结论是《列子》中的"偃师戏"一节是从佛经中的"傀儡戏"抄来的。这经是竺法护于西晋太康六年（285）译成的。如此看来，"偃师戏"不是西周已有木偶戏的可靠证据，《列子》中的这段故事却堪称西晋时的"木偶文学"佳作，它以曲折的方式，反映出傀儡戏已相当逼真、动人。

最初的木偶是殉葬用的？

《列子》中的"偃师戏"，虽不足以证明西周已有木偶

《骷髅幻戏图》
【南宋】李嵩 绘
画面中一大骷髅席地而坐，用悬丝在操纵着一个小骷髅。这是宋代市井木偶表演形式之一种——悬丝傀儡演出。当然现实生活中这样的表演是由人来操纵的，而以骷髅为主角的寓意大约是反映了人生命运的虚幻无常

戏，但是，东周时却可能已有木偶。

考古学已充分揭示：商代盛行以人殉葬，周代亦有人殉，但较前代为少。春秋时，以活人殉死人的陋习已遭到有识之士的反对，于是开始用木偶代替活人殉葬。木人多用桐木制成，大概是取"同于"的意思。尽管如此，孔子还是坚决反对的。他认为，往古扎个草人（名为"刍灵"）就可以了，现在刻木为偶，犹如生人，太不人道了，大骂说："始作俑者，其无后乎？"从而可知，木偶最初是用于殉葬的，其先为刍灵，刍灵是用以代替人殉的。春秋时代则已出现被称为"俑"的木偶了。

"偶"又为什么叫"俑"呢？东汉郑玄解释说："偶人也，

有面目机发，有似于生人。"这里的"机发"一词很费解。三国魏人张揖撰有一部研讨语言文字的专书《埤苍》，解释说："木人送葬，设机关而能踊跳，故名之曰俑。"魏晋时大学者皇甫谧也说："机械发动，踊跃，故谓之俑。"可知，俑即是一种设有机关，一经发动，便可为跳跃的木偶。依此说来，秦始皇兵马俑，只是一种陶偶，还算不得可以跳跃的"俑"呢！同样道理，依此种解释，孔子时代已有"俑"了，也就是有了可以跳跃的木偶了。从而可以说，木偶戏之源可以上溯到春秋时代。据说西方傀儡戏的出现，可以上溯到公元前5世纪。那么，东西方傀儡戏的出现几乎是同时的。

木偶最早始于何时？汉代郑玄认为始于西周初年。但目前考古学只知周代有土偶，却未见木偶。同时，春秋战国古墓时见木偶。孔子所说之俑，可以跳跃，在先秦考古中仍有待发现。令人欣然的是，西汉中期古墓已出土了可以跳跃的木偶。

这俑是1978年在山东莱西县岱墅村东西汉古墓中发现的。同出木偶13件，却唯有此俑最大，高193厘米，比今人一般个头还大。该俑全身是以13根木条构成一副活动骨架，各构件间有关节，腹、腿部构件上钻有许多小孔，骨架灵活机动，可坐、可立、可跪。当然，如以机械发动，足可踊跃。

该俑原来置于席上，席虽不存，用以镇压席角的四枚虎镇犹存。俑旁置有一根银条，长115厘米，直径0.7厘米。大概是指挥木偶作戏时的调度之具。

这是一具地道的悬丝木偶。距今已有2100多年，是世界上已被发现的最古老的悬丝木偶。

这具木偶与殉葬木偶同出一墓，从而明确地揭示中国的木偶戏，既不是从什么西域艺术家偃师那里学来的，也不是佛教传入中国才有的，而是在先秦时代以偶代殉之后肇其端，在漫长岁月中发展起来的。考古发现，先秦以及秦汉古墓中的陶偶、木偶，少则几个，多则几百几千个。不难想见，送葬时，抬俑执俑的执事队伍，浩浩荡荡，相当可观。在发丧、路寝、安葬之时，舞俑为乐，执俑为戏，是很自然的事。久而久之，形成一门艺术，成为丧家乐中必不可少的动人节目。莱西木偶就是一证。初始借俑娱鬼，葬时则归俑于墓。汉代中期仍如是。汉末方用之以娱人。

通观中国木偶艺术史，其源当在春秋之末（虽有文献可证，尚待考古有据）；西汉时成为丧家之乐，并已有悬丝木偶；东汉末，不但娱鬼，而且娱人，成为艺苑中一门独立的艺术；晋代出现了木偶文学；唐宋时，已千姿百态，盛况空前。历千有余年，木偶艺术如今不只是中华艺术的一朵奇葩，且已成为瑰宝。

（郭伯南）

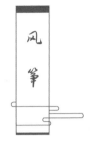

风筝，是一种有趣的巧妙玩具。在自己的故乡中国，风筝千百年来都被视为"雕虫小技"，不为大人先生所青睐。可是，当它从东方走到西方，却被视为一项重大发明，赞誉它"引起人类飞向太空的遐想"，是它"诱导美国莱特兄弟制成世界上第一架飞机"。

然而，它的出身与家世，至今都扑朔迷离，没有确说，故探索之。

"风筝"一词怎么来的？

孔老夫子说："名不正，则言不顺。"欲说风筝，也得先为之正名。

风筝因何得名？500年来，凡谈及此，众口一词："风筝"一名，始见于五代。李业在汉宫中放纸鸢（风筝古称），"于鸢首，以竹为笛，使风入作声，如筝鸣，俗呼风筝"。这个"缘笛声如筝鸣"的说法，见载于明代陈沂《询刍录·风筝》。若依此说，"风筝"得名已有千年了。

然而，这是一件千古错案。

"风筝"一词，在唐代诗文中多见。初指风铎，后方指纸鸢。李白《登瓦官阁诗》曰："两廊振法鼓，四角吟风筝。"这里的"风筝"指的是风马儿，古称占风铎。唐代

《昇平乐事图册》清宫绘本

的"风马儿"，多悬玉制成，风吹玉撞，叮咚作响，有若击筝时玉柱（弦柱）与弦共鸣，故称"风筝"。后来，风筝专指纸鸢，风马儿也改用铜铁铸制，即改称风铃、铁马儿。日本今有玻璃制成的风铃，为一种民间工艺品，即从唐代的"风马儿"演变而来，今已流布世界。

"风筝"一词，何时始用来称呼纸鸢？

晚唐诗人高骈有一首《风筝》诗："夜静弦声响碧空，宫商信任往来风。依稀似曲才堪听，又被移将别调中。"

这首诗题名"风筝"，并已为"风筝"释名。人人皆知筝乃弦乐，笛乃管乐。弦管之声差异甚明。称风入笛响，其声若筝，令人难以置信。此诗则说"弦响碧空"，故称"风筝"，不是更近情理吗？

考之今日风筝，有装笛哨者，其声尖尖呼啸，有附弓弦者，其声嗡嗡筝筝。可知，风筝当缘弦响而得名，那不是李业在纸鸢上装笛的功劳。

但是，李业的创造也不可忽略。他是在风筝上装置响器的第一人。

纸鸢得名曰"风筝"，不自五代始，早在唐代已有，可考的历史至少已有1100余年了。

春秋的木雕能升空飞翔？

纸鸢源于何时？传统说法之一，认为肇端于春秋的木鸢，已有两千四五百年了。

木鸢是谁发明的？

一说为鲁班，即公输般。一说为墨子，即墨翟。

《墨子·鲁问》记载："公输子削竹木以为鹊，成而飞之，三日不下。自以为至巧。"

《韩非子》载："墨子为木鸢，三年而成，飞一日而败。弟子曰：先生之至巧能使木鸢飞。"

这种人工飞行器，墨家说是鲁班，韩非又说是墨子，究竟是谁首创的呢？远在古代这就是个有争议的问题。先秦的列御寇先生首先受理此案，初审结果是："夫班输之云梯，墨翟之飞鸢，自谓之能极也。"列氏将云梯的发明权判给了鲁班，将飞鸢的专利权判归墨翟。

时过大约2000年，"风筝大师"曹雪芹重理此案。他的判词是："帷墨子作木鸢三年而飞之说，或无疑焉。"墨子又获胜诉。

其实，稍加思考即知，这是件千古错案。细心的读者早已注意到，鲁班"削竹木以为鹊"的话，是墨子亲口说的，后由墨家传人记载下来的。即鲁班的发明权，是得到墨子承认的。甚至，墨子还批评这一发明算不上大巧。大巧要有利于人。制竹鹊、木鸢，还不如"削三寸之木"做个车辖，即可"载重五十石"，作远途运输。试想，墨子如此批评鲁班，他自己还会花三年工夫制作木鸢吗？

近年出版的《中国大百科全书·航空航天卷》，大概考虑到上述情况，将木鸢的发明权重判给了鲁班，并不无称许地说："公输班研制能飞的木鸢，为人类研究航空模型之始。"千古冤判，终得昭雪。

木鸢是如何升空飞翔的？先秦古籍失载，后人莫闻其详。其实，这一技术至汉代尚未失传。天文学家张衡，就曾制成三轮木雕，设有机关。他的朋友赞誉他可使"三轮自转，木雕独飞"。（《后汉书·张衡传》）

三轮、木雕为一物还是两物？何以能"自转""独飞"，也失之记载。

考古学家考知，东汉时已有风轮，即今玩具风车，迎风即可自转。见于辽阳东汉古墓壁画。上述自转的"三轮"，是不是即这种风轮呢？

晋人葛洪《抱朴子·杂应篇》记载：时有玩具竹蜻蜓。以竹蜻蜓原理制成的"飞车"，可飞转"上升四十里"。

木鸢、木雕，是否就是竹蜻蜓式的发明被夸大地记载下来的呢？若果真如此，那就是说在2500年前到1500年前的上千年间，中国的先哲就已反复探索类似今日直升机的螺旋桨升空式的飞行器及其原理了。

这里附带提及，在"木雕独飞的"时代，中国人不但在探索气体浮力升空的可能性，而且利用流动气体作为动力已有相当成就。

在水上，早在距今 3000 年前，已为船装帆。三国时出现楼船。西晋时，船帆"大者用布 120 幅，高 9 丈（约 21 米）"。（周处《风土记》）

在陆上，南朝时，以风力为动力的载人风车已见记载，"可载三十人，日行数百里"。（萧绎《金楼子·杂记》）这种车，大概是装帆驾马的。君不见当时的"帆"字不是现在这种写法，而是个会意字，左为"马"，右为"风"，即"马"与"风"的结合。20 世纪末，在北方仍有在独轮车上张挂风帆，以风做助动力。

农业上，西汉时，已发明的风扇车代替了当时至少已使用了 5000 年的簸箕簸扬。同时，巧工丁缓制成七轮扇，这种扇，"一人运之，满堂寒颤"。（《西京杂记》）

冶炼业，早在春秋时代，已采用牛皮囊式的人力鼓风机，时称"囊橐"。汉代广泛用煤冶炼，出现了马力鼓风机，时称"马排"。公元 31 年，又发明了水利鼓风机，时称"水排"。

这种种有关气流动力的科技成就，已为古人进一步利用气流积累了经验。气流的利用，不再限于水上、陆上，而"超险阻而飞达，越川泽而空递"，已成为气流动力科学当时发展的一种必然趋势。这为风筝的上天，准备了必要的条件。

风筝初始是做武器用的？

纸鸢源于何时？传统说法之二，认为创始于汉初，发明者为韩信。

关于韩信使用风筝，又有两种说法。

一说，早在楚汉战争中就已使用风筝。据说韩信领十万精兵，包围楚霸王项羽于垓下，制一牛皮风筝，载着吹笛者飞临楚军上空，笛声悲怨，引动楚兵思乡之情，由是江东的八千子弟兵尽皆散去。依此说，其时当为公元前 202 年。

一说，汉高祖刘邦出征叛将陈豨，韩信与其同谋，在长安欲为乱，"故作纸鸢放之，以量未央宫之远近，欲以穿地隧入宫中也"。依此说，其时当为公元前196年。

这两种说法，前者见清人笔记传闻，后者出自北宋高承《事物纪原》，他自书其所据，乃"古今相传"。

仔细听听，这两说均甚离奇，令人生疑。且不说古代，今日要制一个载人风筝，顺利而上，安全而降，又谈何容易！韩信乃著名军事家，未央宫之远近，何须以纸鸢量之方知！

仔细查索史籍，信史《史记》《汉书》有关韩信事所载甚详，唯不载此二事。时至今日，凡较为严肃的史书、类书、辞典，皆不采此传闻之说，皆因有悖于史实。甚至，蔡东藩先生著《前汉演义》，也不取此荒诞之说，风筝始于韩信乃无据之传闻，不足信也。

纸鸢源于何时？传统说法之三，认为始于南北朝时，见于信史记载。

南朝萧梁时，侯景叛乱，包围了京都建康（今南京），攻开了外城，皇帝百官都困于台城内，与援军音信隔绝。这时，"有羊车儿献策作纸鸢，系以长绳，写敕于内，放以从风，冀达援军。题云'得鸱送援军，尝银百两'。太子自出太极殿前，乘西北风纵之"。

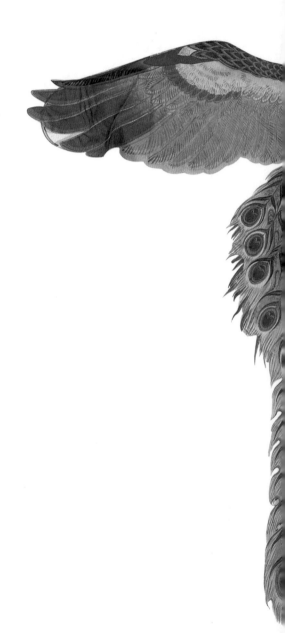

（《资治通鉴》）

这件事发生在梁太清三年正月十三日，即公元549年2月25日。

这一天，风筝上天，始有确载。

羊车儿未必是风筝的发明者，但他是留下姓名的最早一位与纸鸢有关的人。

太子萧纲，后称帝即梁简文帝，他是留下姓名的最早的一位风筝的放飞者。

那风筝放出后，飞临敌空，"群贼骇之"，"以为厌胜之术，射而下之"。可知，这次"越川泽而空递"未能成功。但也有成功的例证。唐建中二年（781），叛军包围官军于临洺城（今河北永年）。官军情急，"以纸为风鸢，高于百丈"，向援军告急。风鸢飞过敌营上空。贼射之，不能及。（《新唐书·田悦传》）

南朝时，纸鸢大概还比较罕见，故"群贼骇之"。中唐时则不同了，无人惊骇。其飞高百丈，射之不及。可见此时非昔日可比，风筝的制作和放飞的技术都相当精湛。

纸鸢不但有空递成功之例，也有"越险阻而飞达"的成功例证。在南朝羊车儿台城献策之后10年，在北朝发生了元黄头凤台越险的故事。

北齐天保十年（559），齐帝大杀元魏贵族，抓了一批囚禁在金凤台上。京城邺城有三台：铜雀台居中，高10丈；冰井台峙北，高 8 丈；与其对称的为金凤台，居南，其高亦当为 8 丈（约 26 米；今残台高 12 米）。被困者急于逃生，遂"各乘纸鸢以飞"。其中，唯有元黄头一人滑翔成功，"至紫陌乃坠"。（《北史》卷十九）紫陌去金凤台多远，无考。但知元黄头安全坠落，随之又被捕，终于饿死。

天空飞行，早在新莽时就有人进行过尝试。大约在西汉天凤六年（19），即有一人身系鸟羽，臂装大鸟翅，登高台起飞，"飞数百步坠"。（《汉书·新莽传》）

新莽时的这位勇士，他毫无畏惧地进行了有记载的人类第一次滑翔飞行试验，牺牲了，也未留下姓名。北朝的元黄头，虽未有科学试验之心，却成为人类第一个滑翔飞行的成功者。

纵观历史，纸鸢在南北朝以前，经过了漫长的准备阶段，至萧梁时已确然飞上了天，尔后十几年间，即有着迅猛的发展。

风筝怎么变成玩具的？

风筝，从古籍记载看，似乎它一问世就是兵家手中的特殊战具。那么，它何时方才成为孩子们手中的玩具呢？

先贤曾为之考证，并谈及宋人郭若虚《图画见闻志》所载的画苑一段佳话：画家郭忠恕（？—977），有次被人请去当场作画，展轴一看，卷长数丈。观者皱眉。但见画家以笔舔墨三五下，即从容在卷首画了个稚气可掬的儿童，随之从儿童手中牵出一条墨线，一气延至卷尾，又画上了个小小风筝。此画落墨不多，首尾兼顾，以一墨线控制全局，自成章法。论者以郭氏的生卒年为据，认为儿童放风筝，至迟在五代或北宋初年已有之。

若说，早在郭忠恕时代风筝已然入画，或许是千真万确的。但若以之为风筝成为玩具之始，却不尽然。

诗人元稹有诗句曰："有鸟有鸟群纸鸢，因风假势童子牵。"

此诗题为"有鸟"，所描绘的不正是群童放纸鸢的情景吗？此诗收入

《元氏长庆集》。这表明至晚在中唐长庆年间（821—824），孩子们就手牵纸鸢玩耍了。

风筝，唐代已入诗，宋代已入画，到了清初，则已入戏。戏剧大师李渔曾写有剧本，内中以风筝为导具，引出男女主人公间的种种误会和风流佳话。剧名为"风筝误"。这可算是中国古典戏剧中最早的，也是最典型的一出风筝戏吧！

风筝比赛，已成为国际性活动。自1984年以来，在

《姚大梅诗意图册·其一》【清】任熊 绘

山东省潍坊市已举办过十几届国际风筝大会。在古代，早在800多年以前，南宋王朝的京都临安（今杭州）就年年举办风筝比赛的盛会。比赛的时间常在游春之际，比赛地点则在西湖断桥一带。比赛的方法是，风筝放起后，"以相勾引，相牵剪截"。即两根或几根风筝线绞在一起，相互绞磨，先断者为负。这种民间比赛的方法和规则，如今已流行于世界。当然，这在现代国际风筝大赛中已是绝对不允许的。否则，是要犯规受罚的。

当年的风筝比赛，既有胜负，就有输赢。因之高手辈出，有名周三、刘偏头的，就曾名冠京师。他们的名字与画坛名师、棋局圣手，以及各行艺术家的大名，并列于古籍文献之中。可以说，中国最早的风筝比赛冠军，今知其名的即周三、刘偏头。

放风筝，如今仍有在风筝线上附带饰物的。其物多装有风轮或小帆，可乘风沿线而上。其物，有的附有绚丽的彩带，临空飘散；有的附有风鼓，沿线击响；也有的带有鞭炮，空中燃放……风筝的这些附饰，在文学名著《红楼梦》中已见记载，时以北京话称之为"送饭的"，意为再给飞起的风筝添加点儿力气，距今已有200多年的历史。

然而，这个"送饭的"，却不自清代始。要追根溯源，早在临安风筝比赛盛会上已经出现。时称"爆仗起轮走线之戏"，简言之，即"起轮走线"，将爆竹带到天空鸣放。此事载于周密《武林旧事·西湖游幸》，为南宋淳熙年间（1174—1189）的事。那么，这小小"送饭的"，算来也有800岁的高龄了。

风筝为世人带来了千年欢愉，可是，它自身的成长史却长期无人问津。直到240多年前，即清乾隆二十三年（1758），中国风筝专著始问世，作者即文学巨子曹雪芹，书名曰："南鹞北鸢考工记"。这部风筝工艺专著，有图谱，有歌诀，也有考证源流的文字。200多年来，它在风筝艺人中辗转传抄，被奉为"风筝圣经"。

据记载，曹雪芹制的风筝，有次被友人借去或陈列于庭院，或悬于檐下，或列于廊上，邀请亲朋好友前来观赏。或许可以说，这就是中国最早的一次风筝家庭展览会吧！

在这次展览会上，有位艺坛名流应邀而来，见状大加称赏，转侧，见廊间有一绝色美人，即问主人："那千金为府上何人？"顿时引起众人大笑。原来，那"千金"也是个风筝，形象为"宓妃"，即三国时文学家曹植在《洛神赋》中所赞美的洛水女神。

《红楼梦》在放风筝那节里，谈到了八种风筝，即凤凰、蝴蝶、蝙蝠、大雁、美人、螃蟹、大鱼、双喜等。这些，在其《南鹞北鸢考工记》中多绘有图谱，并以歌诀形式讲明制作工艺及特点。据当今风筝行家说，在新中国成立以前的大约两个世纪里，京师风筝的图式均未

风筝

能超越这部"风筝圣经"。因之，曹雪芹被誉为中国的"风筝圣人"。

风筝和旗帜同出一门？

千百年来，传统的观点都认为纸鸢源于木鸢。然而，略加考察，即知此说不尽然。木鸢所仿制的是飞鸟猛禽，纸鸢的先型却是测风的旌旗，两者并无直系的血缘关系。这种新说的证据即存在于风筝的原始形态、古老名称、鸢形图案，以及放晦的风俗之中。

从古老名称说起。

风筝的自身发展史虽已成过去，但至今在千姿百态的风筝图式之中犹存古老信息。在潍坊风筝博物馆中，藏有1000余具风筝。最大的龙头蜈蚣风筝，多达380节，长达360米。临空放飞，宛若巨龙。最简易的风筝，两根纵横相交的竹篾撑起一块手绢即成。我们知道，天文学家将宇宙间处于不同发展阶段的天体依序排列起来，即可窥见星体的千百亿年的演化史。生物学家则揭示，婴儿的十月怀胎，所经历的恰是几亿年间生命的进化过程。风筝也如是，只要将其依序排列起来，就可以看出一部风筝的千年发展史。其最大最难的龙头蜈蚣风筝，恰恰是年龄最小的，被称为"屁帘""瓦块"的风筝，却反而是最为古老而原始的，堪称千岁了。

这种最原始的风筝，也有个最古老的名称，即"风巾"。"风巾"的"巾"，在汉字中原写作"旆"。《诗经·六月》："织文鸟章，白旆央央。"意思是，旗上织有鸟纹图样，白色的燕尾状飘带多鲜亮。旆，左旁为汉字表旗帜的义符，即"旗"字去掉声符"其"，右边从"巿"（fú，不是"市"），为兜裆布的象形字。可见造字的初义为"那形若兜裆布的旗帜飘带"，后来也用以代指旗子。以兜裆布比喻旗子，犹若今日称最简易的风筝为"屁帘"，似乎不够文雅。这一点，早在先秦时，学者们就已感觉到了。故而，《左传》一书，有的版本已改写"旆"为"帗"，即改"巿"为"巾"。巾，为包头布。

至此，可以说，从风筝的原始形态，以及有关的古老名称，不难看出它的起源同旗子有着密切的关系。此其一。

从鸢形图案说起。

风筝，在古代称纸鸢。那是因为它同古代的鸢纹旗子有关。

《礼记·曲礼》载：上古军旅以旗帜为号令。军队行进中，前方有水，即高举起画有水鸟青雀（又名鹢）的旗子；前方有风，则高举起画有鸣鸢的旗子；前方发现车骑，则高举起画有飞雁的旗子……

显然，古时鸢旗是专用于报告风情的。鸣鸢即张口鸣叫的鸢。古代越人以鸣鸢为风伯，即风神。相传，鸢鸣则风生。故鸢旗，就是画有风神形象的旗子。

风筝，古称纸鸢、纸鸥。今多做成猛禽之形，即来源古代测风旗上的风神形象。此其二。

放风筝是放晦气？

从放晦的风俗说起。

风筝都有浓厚的神秘色彩。《红楼梦》中即有潇湘放晦的故事。

大观园里的姐妹集于潇湘馆，放起风筝来。潇湘馆主林黛玉已将大美人风筝放飞至高空，却不忍放掉，说道："这一放虽有趣，只是不忍。"贾宝玉忙说："放了，若落到荒郊野外，我替她寂寞，把我这个也放了去，教他俩做个伴吧！"紫娟道："姑娘不放，等我放。"说着，将线咯噔一声铰断，笑道："这一去把病根儿可都带去了！"宝玉也剪了放去。

考之历史，这种将人生吉凶祸福与风筝联系起来的神

《红楼梦》配图 〔清〕孙温 绘

秘风俗相当古老。

上面曾谈及，当梁太子萧纲在台城放出纸鸢后，"群贼骇之，以为厌胜"。厌胜，即通过种种法术战胜邪恶妖魔。诸如，立春时，为孩子挂红布，以辟邪气。端午节在门首挂蒲人，以代人受灾。林黛玉即将那美人风筝视为自己的替身，将它放掉，自己也就免除病根而获健康了。同理，谁要拾到放晦气的风筝，晦气也就找上谁。所以，要有风筝落入家中，则必须将其捣毁、烧掉。

这种烧掉、捣毁的方法，是以武力厌胜的形式。这不禁令人想起3000

多年前商王武乙的故事来。武乙讨厌天神，即以皮囊盛血，做成天神模样，以箭射杀之。君不见，今日仍有以稻草为人形，吊之，烧之，以泄愤怨的吗？与以风筝放晦气的风俗相类似，都是古代巫术文化的折射与孑遗。

放晦气的风俗，直接来源于古代的占风。"占风"亦称"风角"，即以观风测风预卜吉凶祸福的一种方术。史载，汉代曾有占风家郎氏父子，以观风作预言，多有应验。古代兵家非常重视占风，如毁屋拔木的狂风曰"贪狼风"。古代兵家认为，出师若遇此风，大凶，要败军杀将的。兵书《吴子》说："将战之时，审候风所从来：风顺致，呼而从之；风逆，坚阵而待之。"读者诸君大概都知道诸葛亮借东风的故事吧，当时，东风有无，成了赤壁之战成败的关键。这故事虽系演义家所虚拟，但用以说明兵家多么重视占风，以及风向、风力与人世间吉凶祸福的关系，倒有几分客观真理性。

古人视风为神，故生出许多神秘观来。

古人如何测风向？

放晦之俗，源于占风。占风也叫相风，即观风测风。

唐代天宝年间，"五王宫中各立长竿，挂五色旌，于竿头四垂，缀以金铃。有风即往视之，旌所向，可知四方风候。谓之相风旌"。（《开元天宝遗事》）

相风旌，即测风旗，后历代相沿。在古代，城楼、船桅、桥畔、宫殿等处，少有不置相风旌以测风向的。当时测风分级，也以"旌旗展开"作为三级风的陆上物象标准。

鸢旗测风相当古老，但它还不是最古老的风向仪。最古老的风向仪是相风鸟。

相风鸟肇始甚古。相传，古代东方帝王少昊的母亲皇娥，游于海上，即"刻玉为鸠"，知四时之候。（王嘉《拾遗记》）这是相风之祖的一个古老

《清明上河图》（局部）

【北宋】张择端 绘

图中有相风鸟

传说。同时，还有相风创始于黄帝说、夏禹说、周公说等。

相风，早在原始社会中已经出现。先民惧风崇风，视风为神，故中国神话中有许多风神。进而，观之测之，以祈福避祸。最早的风向仪用的是羽毛，将鸟儿去掉内脏，充之以草，立于竿头，古称"全羽"。也有的只将一些长羽绑于竿头，古称"析羽"。

当青铜文明进入鼎盛时期，这种相风鸟也有的改用铜铸了。1989年，在山西省闻喜县出土一辆青铜挽车，车的顶盖上有四只小鸟。鸟的内部中心，设有顶针装置，小鸟可以随风旋转。它是西周与春秋之际铸制的，距今已有2700多年。至今用口气吹动，仍可灵活转动。

这是已知的中国现存的最古老的风向仪模型。小鸟为四只，旨在象征测四方之风，"知四时之候"。

先秦测风的鸟儿，主要为鸢，即猫头鹰，它来源于东南方的古越文化。

秦代改用乌鸦，称相风乌，它来源于西南方的古蜀文化。

　　至此，可以说，风筝的直系祖先不是木鸢，而是测风的鸢旗。鸢旗源于以鸟羽测风。此其三。

　　由此可见，风筝的"风"，这一字竟包含了一部中国古代风力史。

（郭伯南）

足球，当今风靡世界，被称为"世界第一运动"。那么，试问第一运动的故里何方、起源何时呢？

相传，古希腊时就有人踢球；古罗马人也会踢球，可却遭到罗马皇帝的取缔。据考证，非洲的古埃及人、美洲土著易洛魁人也都有过球类游戏。但世界体坛公认足球运动的历史以中国最悠久，称中国是"足球的故乡"。

中国足球有 5000 年历史?

谈及足球在中国的起源，约有三说。

一提及此事，不少人就会想起古典小说《水浒传》里那个以踢球发迹的高俅。高俅，历史上确有其人。他原为苏东坡的一个小吏，即小秘书。一个偶然的机会，他精湛的球艺得到端王（后即位为宋徽宗）的赏识，从此飞黄腾达，竟爬上太尉（相当国防部长）的高位。《水浒传》曾描写他儿子高衙内看上了禁军教头林冲的妻子，从而生出许多是非，最后竟把林冲这条好汉逼上了梁山。通过高俅一事，人们认为足球在中国已有上千年的历史了。此或可称之为"宋代说"。

其实，此说并不尽然。高俅的时代，已是中国足球史上的"风流时代",其时球星辈出,高俅只是其一。当时甚至还有足球协会呢!

早在高俅之前1000多年,足球就已成为一种广泛的体育活动。比如,西汉开国皇帝刘邦的老子刘太公、扬威大漠的年轻将军霍去病,以及汉成帝、魏武帝、唐玄宗、宋太祖等,各个都是十足的球迷。唐僖宗既精于打马球,

唐章怀太子墓壁画马球图

· 234 ·

又善于踢足球。他曾夸口说，若举行球艺比赛，他可以得个全国状元！

我们先说说刘太公。他当了太上皇，居于长安皇宫中，天天山珍海味，却怏怏不乐。刘邦摸不着头脑，暗中派人打听，方知太上皇原在乡里，与贩夫屠户为友，日以斗鸡、踢球（古称蹋鞠、蹴鞠）为戏，自得其乐。移居深宫后，既不见故友，又不能踢球，故闷闷不乐。刘邦遂下令在长安城以东依照故乡丰城的样子盖起一座新城。名曰新丰，并将丰城故老迁来。此后刘太公又天天与老友斗鸡、踢球，这才笑逐颜开。（《西京杂记》）

这故事表明，秦末汉初时，足球运动已然兴起。刘太公则是有记载的中国最早一位足球爱好者。

到了西汉中期，足球运动已得到空前发展。据记载，当时"里有俗，党有场，康庄驰逐，穷巷蹋鞠"。（《盐铁论·国疾》）古代五家为邻，五邻为里，一里即二十五家，可称得上是个小的村庄。五百家为一党，指较大村庄。这里的意思是，城乡到处都有踢球风俗，稍大的村庄即设有球场，城里的大街小巷也到处有人追逐踢球。这种风习引起官方的关注，认为已成为国家的一大弊端，应引起注意了！

足球运动的空前发展，乃至有人写出了《蹴鞠二十五篇》的足球专著（《汉书·艺文志》）。它不但是中国最古老的足球著作，也是世界体育史上最早的有关专著！

当时，足球盛行的影响也及于艺术。它成为绘画的新题材，被广泛用于装饰画。在河南登封嵩山脚下矗立的启母阙建于公元123年，阙上就刻有一幅蹴鞠图。20世纪后半叶，在陕西绥德、河南南阳发现的汉画像石上，也刻有生动的蹴鞠图。这些蹴鞠图，堪称世界足球史最古老的文物了。

文献与文物共同确证，足球的起源不但比宋代早得多，比汉代也要早。因之，有了足球起源于战国说。

古籍记载，合纵家苏秦在游说齐宣王时讲到齐国的社会风俗，说："临淄甚富而实，其民无不吹竽、鼓瑟、击筑、弹琴、斗鸡、走犬、六博、蹴鞠者。"（见《战国策·齐策》《史记·苏秦列传》）从行文可知，蹴鞠在齐国都城临淄是广泛流行的文体活动之一。那么，它的起源，当比战国还早。因之，又有了"黄帝说"。

刘向（约前77—前6）《别录》记载："蹴鞠者，传言黄帝所作。""黄帝说"并不是刘向首创的。他在同时记载"或约起于战国时。时记，'黄帝蹴鞠，兵势也，所以练武士，知有才也'。"（《太平御览·工艺部·蹴鞠》）原来，刘向曾见到当时尚存的战国文献中已有"黄帝蹴鞠"的记载，借以驳斥"战国说"，并表明先秦已有"黄帝说"。

自刘向以来，凡2000年，典籍中谈及足球起源之时代，众口一词，皆言黄帝，从无疑义。这种"传说"究有几分根据，是否可靠呢？仍有待探讨。

最初的足球长什么样？

谈到足球之制，人们就会问：古代足球与现代的一样吗？有无球门？如何踢法，有何规则……这些问题几句话难以说得清楚，还是让我们一一考证吧。

先谈足球。

足球是皮制球类的"老大哥"。它与兄弟姐妹的共同祖先是石的、陶的、木的球。当然，其中资格最老的是石球。石球堪称世上球类的始祖。

中国先民蓝田人早在大约100万年前已打制石球。许家窑人在十多万年以前已用两石相碰之法，制出了近于正圆形的大大小小的石球，并用以制成类似流星锤式的飞石索，猎取了成千上万头的野马。考古学家在1975年发掘出许家窑人的一个石球库，其中藏有石球1079个。石球，大的直径超过10厘米，重量超过1500克。小的直径不足0.5厘米，重量不足500克。

原始人是否踢石球无法确证。但古代人踢石球是有记载的。《燕京岁时记》载，每年十月以后，穷苦孩子苦于脚冷，"琢石为球，以足蹴之，前后交击为胜"。时至今日，在中国北方民间，冬季也时见这种活动。它可谓是足球运动的活化石了。

石球虽可踢玩，但毕竟是足球的远祖。皮制的球才是足球的直系祖先。皮球历数千年，经历了四个阶段：最初充米为球，古称"鞠"；其次，楦之以毛，古称"毱"；再次，吹之以气，古称"毬"；最后，今书为"球"。

鞠源于何时？

"鞠"字，以"革"为义符，表示它是以皮革制成的；以"匊"为声符，表示读音。"匊"从"勹"，即"包"，从"米"，即一包米的意思。说到这里，可能不少读者会想到城乡孩子都喜欢踢着玩的布包来，其中或装谷物，或装沙子。可以说，这就是古代"鞠"的遗制，最原始的充物球。

"鞠"字，早在春秋时，已被用以借指球形之状。如《论语》中有"鞠躬如也"，表示身体弯得像个球。比这更早，商代时，有鞠祭，即因将供物牛、羊、猪，弯蜷成为球状而得名。夏人的文献中，将"菊花"写成"鞠"，即因菊花为球状花冠的缘故。显然，"鞠"的历史，比中国文明史还要古老呢！

《长春百子图》（局部）

【北宋】苏汉臣 绘

那么早到何时呢?

考古学家曾在四川巫山大溪发现一枚陶球,正圆形,中空,内装有沙砾。球面上有六个间距相等的镂孔,孔与孔之间有两条平行的点纹相连,因而,球面被分成许多大小一样的三角块。那有若双线的点纹很像皮球上的缝线针脚。球直径5.6厘米。它很像仿"鞠"制成的陶质模型,距今已有5000年的历史。

前已述及,足球的起源,早在战国时即有起源于黄帝之说,虽无实据,但恐出有因。考虑到十多万年前那1000多枚石球,再看看这可能仿"鞠"的陶球,同时想到古代以皮为衣,又早在40000多年前已发明了骨针,那么,若说足球滥觞于黄帝时代,有史5000年,古人这一推断,也许并非虚妄之说吧!

古代足球是如何制作的?

"毬"字出现较晚,约始于南北朝时,初唐始入字书(玄应《一切经音义》)。文字总是落后于现实的。其实,汉代应劭《风俗通》中已说:"丸毛,谓之鞠。"晋代郭璞《三苍解诂》则说:"鞠,毛丸,可蹋戏。""丸毛""毛丸",有两种说法,一说是在"丸"中楦毛,一说是以毛线缠成,也可能两种都有,但都同"毛"有关。不过这时仍称为"鞠",书以"革"旁,而不是"毛"旁。

鞠的玩法,先秦称"蹋鞠",即用脚踏在球上,以脚后掌将球推出。汉代则多称"蹴鞠","蹴"即用脚尖来踢。这两种踢法,反映球内的虚实有差。依此推想,西汉时,鞠内已经充毛,至少有2100—2200年的历史。

蹴鞠纹铜镜

宋踏鼓蹴鞠俑
球皮质缝合特征明显

鞠何时方改楦毛为充气的？《全唐诗话》里有则故事。诗人皮日休与归日安互相开玩笑，以诗相讽。皮日休以归氏之姓与"龟"谐音，为诗一首："硬骨残形知几秋？尸骸终是不风流。顽皮死后钻须遍，都为平生不出头。"归氏也很风趣，将皮氏之姓比作皮球，反唇相讥："八片尖斜砌作球，火中燀了水中揉。一包闲气如常在，惹踢招拳卒未休。"

从这诗看来，晚唐时充气皮球的制作工艺已相当成熟。同时，已有"充气"之名，并有人作《气毬赋》，颂扬这一新玩具。

充气皮球可能在初唐即已问世。高僧玄奘于贞观末年所译《瑜伽师地论》经书中即有"拍球"一语。试想，若非充气之球怎么拍得起来呢？盛唐时，王维有诗句曰"蹴鞠屡过飞鸟上"，赞扬踢球的场景。试想，若非充气之皮球，弹跳性能怎么会那么好，球比鸟飞得还高？充气的"毬"，大约公元7世纪已问世，9世纪时技艺已臻娴熟。在西方，英国有充气皮球是在11世纪，比中国晚约400年。

充气皮球的制作，宋金时又有所发展。往昔以八片尖皮拼接，形制可能类似今日篮球。上下两端接缝密集，若踢在那里，球易开裂。从考古发现的金代瓷枕《蹴鞠图》上，以及传世的元人钱选所绘名画《宋太祖蹴鞠图》上，都可以清楚地看到，当时的足球已是用六角形的皮块拼接而成。当时制球已有严格的规格，要求"密缝不露线""碎凑十分圆""正重十二两"。有的用六片香皮拼成，有的用"十二香皮砌成"，不同规格品种的足球有40多种，其工

《宋太祖蹴鞠图》

【元】钱选 绘

艺与今日几无二致。

　　人或欲问，古代的足球也有球胆吗？

　　据古人记载，"气之为球""在吹虚以取实""假手弥缝，终使满而不溢"（《气毬赋》）。依此记载，古代足球不用球胆，充气后不漏气，关键在于"弥缝"。怎么"弥缝"，记述有缺。是否当球缝好以后，球内用牲血，或桐油，或漆类加以涂弥，形成一层不透气的内膜呢？这有待专家去考究了。

当代体育史家多有认为古代充气球是有球胆的，"即放有一个动物尿脬"。这一推断是很有道理的。在今日乡间，仍有将动物尿脬吹足气让小孩子玩耍的。古人怎么会想不到利用这一天然球胆呢！然而，未有确证之前，这只能说是一种合理的想象。

古代足球赛是如何开展的？

踢球要有场，球场要有球门。在今日，这似乎是天经地义的，而在古典足球历史上，却不尽然。

古代足球"鞠"，大约有史5000年，球场见于文献记载则只有2100年。

有趣的是，西汉时，当城乡形成"足球热"的时候，京城宫廷里还修了室内球场，名曰"鞠室"。古典乐曲中有首足球之歌，古称《鞠歌行》。据晋代文学家陆机《鞠歌行序》说，这首歌是歌颂"含章鞠室"和"灵芝鞠室"的。"含章"为宫殿名。"灵芝"当也如是。后世有称球穴为"鞠室"的，这里不是，所指当是附属于宫殿的室内球场。

西汉晚期，已修造起有围墙的足球场，古称"鞠城"。当时的文学家李尤作有《鞠城铭》，文曰："圆鞠方墙，仿效阴阳。法月衡对，二六相当。建长立平，其例有常。不有亲疏，不有阿私。端心平意，莫怨其非。鞠政犹然，况乎执机。"

文意是，鞠是圆的，城是方的，犹若天（阳）圆地（阴）方。上场鞠手要有限量，彼此要平衡，双方各以六名较为适当。各方都要有队长，再共同举出裁判。比赛要依常规进行，裁判要公平，不论亲疏，不讲私情。参赛者要心平气和，不要责怪裁判。球赛都要有规则、讲公心，更何况执掌国家的权柄呢！

文中"法月衡对，二六相当"句颇费解。有的认为"法月"，是指球场两端月状鞠域，即球穴，"彼此相对，其数各有六个，或十二个"。（《中国古代体育史简编》）也有的解释为"两边各有六个球门，一队有十二人上场"。（《中国古代体育史话》）

"法月"一词，除这铭文中一见外，在《礼记·礼运篇》中也见于"月以为量"的注疏。原文的意思是月之运行，时有盈亏，然盈亏有度，引申为"限量"的意思。当然，在《鞠城铭》里是否可作为球门解释呢？仍可探讨。

"二六"确指人数，是有佐证的。晋傅玄《弹棋赋序》谈道："汉成帝好蹴鞠。大臣劝说此戏劳体伤身，至尊应多自保重！成帝说，总得有可玩的呀！那你们就找个不劳体伤力的来吧！于是，按照蹴鞠的玩法，发明了弹棋。"又据三国邯郸淳《艺经》说："弹棋，两人对局，白黑棋各六枚，先列棋相当，便相弹也。"从而可知，"二六相当"是指人数，而是一边六个，不是十二个。

说了球场，再说说球门。

古人称球门，最早叫"鞠域"，后也称"鞠窠"。因最早的鞠，中实以物，球身较重，只能在地面上滚动，故挖穴为门。颇似今高尔夫球的球穴。

唐代创制了充气的皮球，弹跳性甚佳，故而球门一下子改在半空中。据《文献通考》记载，这种高球门，"盖始于唐，植两修竹，高数丈，网络于上，为门以度球"。

这种高球门，宋人记之较详。球门的两立柱高 9.2 米，两柱间距为 4 米。门柱上端距地面 7.6 米和 8.6 米处，有平行的两根门楣，横联两柱。因此，楣柱间形成个高 1 米、宽 4 米的门。在这个高门的中间有一圆形的"风流眼"（直径 0.87 米）。两侧加网络以阻球。球从那风流眼中穿过方为胜。（陈元靓，

《事林广记》）

唐代球门设于两端，双方进行直接对抗赛。宋代因鉴于时有头断肢折之事，将球门改在球场中间，将两队隔开，只能间接对抗赛。

那么，何时由球穴改为球门的？

这个问题，史缺有间，未见确载。然而，在古文献和古文字中仍留下一些蛛丝马迹。

汉代年轻的爱国将领霍去病喜爱蹴鞠。《史记》《汉书》都记载，他在塞上"穿域蹋鞠"。有趣的是，"蹋"字在《史记》中未加"门"旁，可在《汉书》中却加上了个"门"旁。"蹋"字写在"门"字里边。这里的"门"，显然是指球门。

古代改球穴为球门，大概是伴随着鞠城的修建而出现的。鞠城的城门，就是最早的球门。司马迁著《史记》时，还只有"鞠域"，而没有"球门"，班固著《汉书》时，则感到蹴鞠不能没有"球门"了。若这里的推断无误，球门的出现约在公元前91年至公元92年，也可说在公元前后。

古代有哪些超级球星？

足球在唐、宋、辽、金、元，历时数百年，一直是体育活动中的热门。其间，球迷皇帝、球迷宰相，代不乏人。甚至踢球还可成为取得高官厚禄的一条捷径呢。北宋刘攽《中山诗话》里有这样一个故事。

秀才柳三复，官运不通，但他踢得一脚好球，想以此为进身之阶。他知道宰相丁谓是个球迷，却无由得见，就天天守候在丁府墙外。有一天，丁府的球突然飞出墙来，他立即抱起，喜滋滋走进府去，门卫也不好拦他。见了丁谓之后，他将球向上一抛，一边跪拜，一边用肩、背、头顶球，只见那球腾跃上下，始终不坠。丁谓见此，笑而奇之，遂延于门下。穷秀才成了宰相府的座上客。

凡读过《水浒传》的，都知道太尉高俅就是以踢球进身的。这个柳秀

《明宣宗行乐图卷》（局部）佚名 绘

才的故事，比高俅得宠还早约 80 年呢！

　　若有人写中国古代球星史，当然少不了高俅。可是，还有个与高俅同时的"球星宰相"，且不可遗漏。他叫李邦彦，长于市井，"善讴歌，能蹴鞠"。他自诩"踢尽天下球"。他是球迷徽宗的宰相。京师人知其底里，目之为"浪子宰相"。他在金兵攻宋时，是个投降派，曾在宫门外遭到请愿的太学生的痛打。且不论他在政坛上的功过是非，在中国古代足坛上，李邦彦却是个官位显赫的球星。

　　赵宋几百年间，球坛涌现出苏杰、孟宜、张明、蔡润等大批球星，各领一代风骚。球星王齐叟，字彦龄，出身于仕家，"有绝才，九流无所不能，宣和间（1119—1125）以蹴鞠驰天下名"。

　　赵宋时代是球星辈出的时代，也是足球协会兴盛的时代。在京都临安（今杭州），文人骚客结有西湖诗社，武林壮士结有射弓踏弩社，球星们也成立了中国最早的足球协会——"蹴鞠打球社"。

　　《事林广记续集》有诗曰："四海齐云社，当场蹴气球。作家偏著所，圆社最风流。"

诗中的"圆社""齐云社"，即当时两个著名的足球协会。

在古代足球术语中，"歪"，是不好的意思。"圆"，即好的意思。"圆社"，即足球明星协会。正因它是球星聚集之所，故也最英俊出众，深得广大球迷的崇拜。《蹴鞠谱》有诗说："青春公子喜，白发士夫怜。万种风流事，圆社总为先。"

齐云社是较为广泛的民间足球协会，遍及各地，乃至宫廷里也有这种组织，故有"四海齐云社"之誉。这一球协，历500余年之后仍为人所称道。

圆社与齐云社，球风各有特色。有词《满庭芳》一首论及此事。词曰"若论风流，无过圆社"，其球艺精绝，场场满彩，故有"天下总呼圆"之誉。齐云社则以迅猛著称，威猛有若灌口二郎，故有"人都道，齐云一社，三锦独争先"之赞。

赵宋时代，中国足球不仅出现了球星、足协，而且形成了有体系的技法和规则，并著录成书。其套数之繁，难度之大，都远过于今日的足球技术，故有"脚头十万踢，解数百千般"之说。其中不少规则是具有规律性的，故至今亦为足坛所遵循。今存明人汪云程《蹴鞠图谱》，乃汇集前人著述编成，记之甚详。

古代女足有多精彩？

谈及中国女足，不少人以为只是当代的事。1984年，中国组成国家女子足球队，后成为世界女足八强之一。若说中国古代即有女子足球队，不少人会惊讶

《昇平乐事图册》清宫绘本 再现了儿童踢毽子的欢乐场景

地摇着头说，中国古代女子缠成小脚，怎能踢足球呢！

这是一种误解，足球在中国，最初并非男子汉发明的，它的专利权原本即属于女性。君不见，时至今日踢布包（原始足球）仍多是女孩子的游戏吗！早在唐代，宫廷女子足球就享有盛名，而且东传日本，已有史1000多年了。

唐有女足，有诗赋为证。有句赞宫廷女足曰："球体兮似珠，人颜兮似玉。"女子们踢起球来，"雷风宛转，进退有据""球不离足，足不离球"，其球技之绝妙，时时超乎观众所料，"疑履地兮不履其地；疑腾虚兮还践其实""华庭纵赏，万人瞻仰"。由此可见唐代女足球技艺之一斑了。（《内人踢球赋》）

另外，高骈（821—887）《剧谈录》中也讲到女足的故事。有一天，在长安城胜业坊北街，"时春雨初霁，有一三鬟女子，年可十七八，衣装褴褛，穿木屐于道侧槐树下，值军中少年蹴鞠，接而送之，直高数丈。于是，观者渐众"。

这女子足穿木屐，巧接漏球，一球踢得那么高，足见球技之高超。由此可见当时民间女足中也不乏高手。

古代女足，少有对抗赛，多为技巧表演赛。犹若今日杂技中的踢毽子。二人对踢名"白打"。一人单踢称"滚弄"，也称"厮弄"。可用脚踢，也兼用耸肩、腆肚、抬膝、头顶等动作，令球绕身，上下翻飞不已。

明代初年，出了位女足球星叫彭秀云。她身怀绝技，漫游四海。她有十六套解数，其一即"滚弄"。文豪詹同观看了她的球技，赞不绝口，誉其为"女流清芬"，并献诗《滚弄行》相赠，一时传为佳话。彭秀云是中国5000

蹴鞠图

【清】黄卷 绘

年足球史上最早留下姓名的一位女球星。

中国古代足球在经历了它的黄金时代之后，明清时，却江河日下。明太祖明令禁止士兵踢球。同时，女子缠足之风已盛行开来，女足的发展受到了抑制。这时，中国女足并未绝迹，可它却沦为艺伎娱客的伎俩，终至衰亡。

现代足球，是在19世纪末和20世纪初从西方传入中国的。国际足联于公元1931年在巴黎成立。中国足协于同年成为国际足联的成员。中国足球运动，正在方兴未艾，经过必经的艰苦历程之后，必将会"冲出亚洲，走向世界"！

（郭伯南）

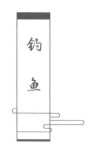

一提起钓鱼，人们就会想起姜太公，并想到一句家喻户晓的歇后语：姜太公钓鱼——愿者上钩。历来人们以姜太公为钓祖，似乎无可怀疑。其实，这古老的传说，大有可以商榷之处。

钓鱼的祖师爷是姜太公吗？

姜太公，是西周开国元勋，姓姜，名尚，字子牙，祖先因封于吕，故又称吕尚。吕尚年轻时杀过牛，卖过水，很能干。相传，殷将亡，吕尚西去，钓鱼于磻溪，鱼钩是直的，也不挂饵，并悬于水上3尺，且念念有词："负命者（不怕死者）上钩来。"这即"愿者上钩"一语的由来。

其实，钓鱼不用钩，或不挂饵的事都是有的。苦聪人的原始钓法，即只用一竿一绳，系蚯蚓为饵，当鱼儿吞了蚯蚓，将竿猛地一甩，鱼儿就被甩上岸来了。这是钓鱼不用钩的一例。四川洪雅县人在雅河中钓雅鱼，就只将钓钩垂于石岸边，岸边石上长有青苔，雅鱼盲目，啃噬青苔时，往往就连钩吞下，被钓住。这是钓鱼不用饵的一例。姜太公的钓法更妙，钩是直的，究竟是怎么回事？有的说，古代的直钩，类似今日鱼卡。也有的说，考古发现的鱼钩，确有骨制的直钩。然而，姜太公钓鱼故事里说的直钩，或许另有深意吧！

太公垂钓在何处？古书多言在渭水之滨。至今，陕西宝鸡东南约 15 千米，有渭水支流磻溪河，河中有巨石，石上有磨痕，相传即为太公投竿处，磨痕是太公两膝磨出的。石上有太公庙。去庙约 1.5 千米，尚有文王庙，在磻溪入渭处。相传文王请太公出世，并亲自为之拉车至此。这些古迹和传说，早在 1400 多年前郦道元的地理名著《水经注》中就有记载，言之凿凿。可见这些古迹历史的久远了。

太公钓鱼之术，是个难解之谜，太公垂纶之处，除上述磻溪之外，也还有在河北省子牙河的说法。不管说法怎么不同，但是，太公见到文王之后发表的一篇"垂钓与治国"的宏论，却颇有见地，似当可信。宏论之大意是：

治国有若垂钓，以饵诱鱼，有国者则以禄诱士，饵香则鱼不顾危，禄丰则士不畏死。纶细饵微，所钓者亦小也，纶劲饵厚，所钓者亦大也。无重禄无以得大贤，无大贤何以得治国，国不治何以取天下？

据说，文王听了这一宏论，十分崇仰，曰："吾太公望子久矣！"意思是说祖父古公亶父早就盼望吕尚这样的大贤了。因之，吕尚又得名曰"太公望"，或"姜望""吕望"，或简呼之曰"太公。"

这篇议论，载于相传为太公所著兵法《六韬·文韬》之中。这与其说是一篇"钓鱼经"，莫若说是一篇招贤治国的"施政纲领"。至此，就不难理解上述"直钩钓"的确切含义了。宋代文豪苏轼说，这叫"大钓无钩"。唐人罗隐则称之为"直钩钓国"。大诗人李白更有诗句，直称

《渭水访贤》

【清】佚名 绘

其为"钓周"。的确，姜太公钓出的是一番鼎新革故的伟业，由之而兴起的乃是一个历时 800 年的周王朝。

姜太公由钓鱼而钓国，堪称一位垂钓圣手，倘若视之为中国钓鱼史之鼻祖似乎也不为过。但是，汉人刘向《说苑》中有段故事，却提出了相反的例证："吕望年七十钓于渭渚，三日三夜无鱼食者。望即愤，脱其衣冠。有农人谓望曰：'子姑复钓。必细其纶，芳其饵，徐徐而投，无令鱼骇。'望如其言，初下得鲋，次得鲤。"

这段故事说得明明白白，钓鱼非自太公始。太公垂纶，还是从"农人"学来的。事理昭然。钓鱼若狩猎，若农耕，皆历万千年，不知经过多少人的摸索、创造和改进，才有巧妙的钓鱼术。这实乃群众智慧的结晶，焉能归其功于一人呢！

远古人已会钓鱼？

小小鱼钩，质轻价微，似乎算不得什么了不起的东西。但是，文化人类学却已经揭示，它是人类进步的一个重要标识，是项重大的发明。何以见得？

考古已经证明，早在几百万年以前，人类有些人群就开始吃鱼了。可捕鱼的方法，长期都是用手去摸，用棍棒打。云南彝族男子，就有"善伏水取鱼"的传统。纳西族在几十年前还用一种木刀砍鱼。

新石器时代的先民中，浙江河姆渡人的文化是比较先进的。他们早就吃上大米饭和烹鱼了。可是，在其数以千计的文化遗物中，却不见一件鱼钩，而鱼骨成堆出现，还有圆雕木鱼、泥塑陶鱼以及鱼形的木雕器柄等。甚至还有

《帝王道统万年图·周文王》
【明】仇英 绘

253

鲨鱼牙制成的骨钻呢！他们是如何得到鱼的呢？大概除了手摸、棒打之外，还用弓箭射鱼。因之遗留的骨镞、石镞有千余枚。射鱼，今日听来颇觉新鲜，可这种方法沿用有上万年了。2000年前，秦始皇还亲自到山东沿海射鱼，在烟台芝罘岛射杀了一条大鱼。几十年前，鄂伦春族、高山族、黎族，也都还使用着这种以弓箭射鱼的古老方法。

那么，何时才有钓鱼的呢？考古学家报告说，姜太公如果今日健在，可称其"三千岁"了；可他们发现的小小鱼钩，虽不好称之为"万岁"，却也可称之为"七千岁"了。

渭水之滨的半坡先民，是非常重视渔业的。他们的彩陶器上，就绘有多种多样的鱼形纹，还有以鱼形组成的人面形纹。据研究，他们创造的仰韶文化彩陶上绚丽多彩的纹饰，几乎都是以鱼形纹为母题发展、演变而来。可想而知，半坡先民捕鱼技术已是比较先进的。在半坡出土文物中，有骨制鱼叉20枚，其上有倒钩，石网坠300余枚，以及制作精巧的骨质鱼钩9件。从而可以推断，半坡先民捕鱼，主要是用鱼叉，用网捕，但钓鱼作为生产手段之一也出现了。

钓鱼之始，或曾有过不知用钩的过程，如前述苦聪人那样。芒人妇女也是钓鱼不用钩的，岸边设一竹篓，鱼儿一吞饵，一甩就将之甩到竹篓中了。其钓技之巧，也堪称一绝呢！尽管如此，鱼儿吞了钓饵溜掉也是有可能的。鱼钩，大概就是为了使鱼儿不能轻易跑掉这一生产需要而被采用的。从渔业史资料看，鱼钩的原始形态是鸟兽的钩状爪，或钩状小骨，以及树枝、棘刺等天然物。半坡先民的骨钩，是经过雕琢打磨的，显然是对天然鱼钩的仿制，并

钓鱼

有所改进和发展了。如果说，无钩钓鱼或以天然钩状物钓鱼，可称之为钓鱼史上的滥觞期，那么，骨制鱼钩的出现，则标志着钓鱼史的开端了。所以说，中国钓鱼史至少已有 7000 多年了。

古代还有钓鱼魔术？

钓鱼，大概在人类进入文明时代前后，就具有既是一种谋生手段，又是一种娱乐的双重价值，只不过人们所处的生活条件不同，而对它抱的目的也各有不同罢了。有些靠钓鱼维持生活，有些则从其中求得乐趣。作为文化活动的钓鱼艺术至晚在姜太公所生活的西周初年就有了。

《渔村小雪图》（局部）【北宋】王诜 绘
小雪初霁，渔民们或钓鱼，或张网，动态不一，生动传神

钓鱼，在先秦诸子著述中，多有提及，尤以庄子为最。汉魏以降，钓具日精，能手辈出，钓技进一步被艺术化了。

东汉时，渔具中已出现一种"丹鲤饵"。用木做成鱼形，涂上丹漆，用丝悬挂，投入水中，漂然跃动，活像真鱼。鱼误认是同类，就一群群聚拢来。这件发明记载于王充《论衡·乱龙篇》。这表明假饵在中国已有史一千七八百年。目前假饵在世界上颇为流行，但在中国却少有人用了。

汉魏人还流传着一个詹和善钓的故事。说他以独根茧丝为纶，用芒针为钩，荆条做竿，割粒为饵，从百仞深渊中钓出盈车之鱼，而钩不坏，纶不断，竿不折，真是再巧也没有了。这是篇寓言，夸大其词，不足凭信。可是，它反映汉魏时代垂钓已有高手，熟识钓鱼规律，这当是可信的。

其实，汉魏时，不仅已有钓鱼艺术，还有钓鱼魔术呢！

有一次，曹操与众欢宴，忽停箸而叹曰："今日之宴，恨少松江鲈鱼耳！"松江，即今上海之吴淞江，时为吴国辖境，在孙权治下。时座中有高士左慈，道："此有何难？"遂索盘贮水，投纶以钓，须臾，一条三尺鲈鱼被牵引而出。操且惊且疑，遂言，一鱼难调众口。请复钓。但见，左慈执竿盘上，又一条鲈鱼跃然而出。

这里说的故事，不是《三国演义》的作者编造的，而见诸著名史籍《后汉书》。

类似的故事，在六朝故事中多有。晋人葛洪《神仙传》中，就记有个名叫介象的高士为吴王在庭中钓得只有黄河

钓□一只玉夕
阳千叠山不知
尘世上能得几
人间　沈周

《垂钓图》【明】沈周 绘

中才生长的鲻鱼的故事。假如除去故事中的怪诞成分，不难看出这是一种类似于今日"空中钓鱼"的魔术。钓鱼魔术的出现，是否可以说是钓鱼艺术高度发展在艺术节目中的一种反映呢？

钓鱼何以成为雅好？

钓鱼，若说在先秦汉魏还只是少数高士的雅好，那么，到了唐宋时代在文人墨客中则蔚然成风，有若赋诗填词，饮酒行令，成了一种风流雅事。因之，投竿之诗，垂纶之文，不绝于缕。有些已成千古名句。如"垂钓绿湾春""荷动知鱼散""今日太湖风色好，却将诗句乞鱼钩""钓罢归来不系船""只在芦花浅水边"。可见诗人们多以荡舟垂钓为风雅，且兴致浓浓，赋咏自娱。诗人杜荀鹤甚至大声疾呼愿做五湖"垂钓师"呢！

诗人李白，气势磅礴，志若鲲鹏，自然不同于凡响，不安于观荷动、乞鱼钩、系小船、垂投湖上，当个垂钓师。他去长安，谒宰相，自书谒（古代名片）曰"海上钓鳌客李白"。宰相问："先生临沧海，钓巨鳌，以何为钓线？"李白曰："以风浪逸其情，乾坤纵其志；以虹霓为丝，以明月为钩。"又问："当以何物为饵？"李白曰："当以天下无义丈夫为饵！"宰相悚然变色。这段故事以钓为题，表达了诗人"济沧海""安社稷"的雄图与抱负，成为脍炙人口的佳话。若视之为垂钓文学，称之为"钓鳌赋"，当不为谬吧！

钓鱼文学，也是人各有志，文各有采。柳宗元的垂钓诗《江雪》则别具一格，成为千古绝唱。诗曰："千山鸟飞

《枫溪垂钓图轴纸本》

【明】仇英 绘

绝，万径人踪灭。孤舟蓑笠翁，独钓寒江雪。"

历代不知有多少画家，依诗之意境画过《寒江独钓图》。有趣的是，钓鱼史研究者有的别具慧眼，有的认为这是首"冰钓诗"，可见中国冰钓见诸记载已有千余年。也有的认为柳氏此诗作于永州，在今湖南，天虽有雪，江中未必有冰，故可称之为"雪钓诗"。

李太白钓鳌，柳宗元钓雪，唯有杜甫老成，冬日无鱼，也不敢去凿冰，说什么："黄河美鱼不易得，凿冰恐侵河伯宫。"多么善良的老头啊！可杜甫的儿子却是个小钓鱼迷。杜诗《江村》曰："老妻画纸为棋局，稚子敲针作钓钩。"从钓鱼源流角度看，这后一句诗很重要。它不仅记录了唐代已用金属制的针钩，也记录了童钓。杜甫的稚子大概是目前知道的见诸记载最早的一位儿童钓鱼爱好者了。

晚唐胡令能的《小儿垂钓》诗，曰：

北宋磁州窑童子垂钓枕

> 蓬头稚子学垂纶，侧坐莓苔草映身。
> 路上借问遥招手，怕得鱼惊不应人。

这是已知最早的童钓诗佳作之一。

宋代金人的瓷枕上，有幅《稚子垂纶图》，是目前已知的最早的童钓图之一。

当今世界上钓鱼活动发展甚快。中国近些年钓鱼也日趋活跃。1983年，中国钓鱼协会正式成立。之后，不少城市、单位也相继成立了钓鱼分会。1984年，《中国钓鱼》杂志也正式创刊。1986年，青岛还举办首届国际钓鱼节。之后，在威海、大连、无锡、苏州等地，国内的、国际的钓鱼比赛接连不断。2004年，大连举办国际钓鱼节活动。而四川合川古称钓鱼城，也在谋划不久后将举办国际钓鱼节活动呢！可以预见，中国钓鱼活动伴随国家经济的繁荣，人民生活的富裕安定，将为广大人民所喜爱。其源远，其流亦长，再不是"涓涓""汩汩"，必将是"滔滔""滚滚"，惊涛拍岸！

（杨珍）

古代娱乐生活中，多有以动物相斗来取乐的。如斗虎、斗牛，也有令虎牛相斗的。试想猛虎斗犝牛，一个血口利爪，一个巨头硕角，争斗起来那是何等的威猛雄壮，惊心动魄啊！至今，在汉代的画像石上就遗存有那种斗兽的壮观场景。

古代不仅斗兽，也斗禽虫。斗禽，如斗鸡、斗鹌鹑；斗虫，如斗蚁、斗蟋蟀。禽虫虽小，性尤好斗。争斗起来，羽飞肢残，横尸疆场，亦少有畏惧，其勇敢拼斗的精神，令人感动，惹人爱怜。其最为憨勇者，或许莫过于蟋蟀了。

斗蟋蟀起源于何时？

古人记述有一蟋蟀方首斗金鸡的故事。故事说，蟋蟀方首战胜了强敌，正振翅有声，以鸣得意，忽有金鸡闻声而至，猛然啄之。方首机警，跳出盈尺。鸡再啄，见方首已在爪下。观者汗背，寻之不果。但见金鸡伸颈摇冠，咯咯乱叫，不得自已，方见方首已跃上鸡冠，力叮不释，迫使金鸡败北。故事自然是夸张的，但却写出了蟋蟀不畏强敌的精神。难怪其优胜者常常赢得人们给予的"铁枪""无畏"，乃至"大将军""威猛将军""虫王"等雅号、美称了。凡目睹过斗蟋者皆知，蟋蟀之勇猛精神，实不减于悍禽猛兽。

斗蟋在各种斗戏中兴起较晚，但对东方文化之影响，却最大、最普遍。乃至古代有"蟋蟀宰相""蟋蟀皇帝"，而今有"蟋蟀协会"，成为古往今来，从宫廷到民间，千百万人雅好的游艺活动之一。此种活动究竟始于何时？

蟋蟀引起古人的注意和观察是很早的。在 2500 年前，孔子删定的《诗经》中，就有《蟋蟀》之篇。人们观察到秋季转凉，蟋蟀入堂的规律，留下了"蟋蟀在堂""十月蟋蟀入我床下"之类的诗句。汉初成书的《尔雅》释"蟋蟀"为"蛬"，亦写作"蛩"，音琼。蛩，指蝗虫一类的昆虫。蟋蟀似蝗而小，汉魏人又细分之，称之为"吟蛩"，即善于吟叫的小蝗虫。魏晋时代，则称之为"促织"，亦称之为"趋织"。其音皆与今俗称之名"蛐蛐儿"相近。其得名，乃源于其鸣叫之声。从训诂学角度考虑，"促织""趋织""蛐蛐儿"皆为一音之转。

从蟋蟀之得名可知，这小小昆虫之所以引起人们的兴趣，起初并非因其好斗，而是由于它那悦耳的音乐般的鸣声。这小虫的鸣声，在不同境遇的古人心中，往往引起不同的感受。妇女们听到它，就想到秋天转凉，仿佛虫声是在促其赶紧织布、缝制寒衣。故古代幽州地方有谚曰："趋织鸣，懒妇惊。"深宫佳丽、异乡游子听到它，则不禁会感到，其声如泣如诉，切切凄凄，若孤雁哀鸣，若幼鹿失群。杜甫就感叹地唱道："促织甚细微，哀音何动人！"

人们何时始畜养蟋蟀以听其声，已难以稽考。今日可

《斗蟋蟀》

【清】崔錯 绘

《秋庭戏婴图》
【北宋】苏汉臣 绘
三童子一人手持细棒斗促织为戏，另外
两人又喜又惧，欲试又止，情态逼真

见之著述、可资考证者，最早为五代人王仁裕著《开元天宝遗事》。书中有《金笼蟋蟀》一条，曰："每至秋时，宫中妃妾辈，皆以小金笼捉蟋蟀，闭于笼中，置之枕函畔，夜听其声。庶民之家皆效之也。"人们在玩赏蟋蟀过程中，终于发现雄性蟋蟀具有好斗的特性，于是先在宫禁中兴起斗蟋的游戏。尔后，又发展成赌博。宋人顾文荐《负暄杂录》中说，唐天宝间，长安人斗蟋成风，"镂象牙为笼而畜之，以万金之资付之一喙"。斗蟋之风，是否即始之于此呢？顾氏又说："其来远矣！"远到何时？他却未作详说。今天，也有些昆虫学家、文化史家，认为斗蟋蟀当始之于开元、天宝以前，虽不见著述，于文献无证，也未必就没有。当时长安斗蟋之盛况，岂是在短期之内可以发展起来的呢？因之可说，斗蟋迄今至少有1200多年历史了。

斗蟋蟀斗得误国？

南宋，在斗蟋史上是著名的时代。此时斗蟋已不限于京师，也不限于贵族。市民，乃至僧尼也雅好此戏。相传，天台人道济，即喜嗜酒肉的有名和尚济颠僧，俗称"济公"，也曾因其被誉为"铁枪"的蟋蟀之死而伤悼，为之安葬，并作悼词、祭文，以为纪念。甚至，有些嗜蟋者死后，要将畜蟋用具随葬。镇江南宋古墓就出土过蟋蟀笼多只。当时文坛画场，以促织为题之作，连篇迭涌，盛况空前，足观一代之风尚。

就在此时，出了位有名的"蟋蟀宰相"，就是南宋将亡之际的权相贾似道。此人曾以右丞相之职领兵救鄂州（今湖北武昌），但他畏敌如虎，踌躇不前，便私向蒙军统帅忽必烈求和，答应称臣纳币，尔后诈称大胜，遂凯旋。从此专权多年，封太师，平章军国重事。他不以军国为重，政无大小，都在其西湖葛岭私宅裁决。襄阳被蒙军围攻数年，他隐匿不报，又不派兵全力援救，却成天在葛岭半闲堂与群妾踞地斗蟋蟀。其间狎客入，戏之曰："此军国重事邪？"他听到这样的讥讽，竟然一点儿也不脸红。朝廷的腐败，最终导致了南宋小朝廷的崩溃。

贾似道作为一代权相，斗蟋误国，落得个千古骂名。然而，他作为斗蟋爱好者，却总结经验，编写了世界上第一部关于蟋蟀研究的专门著作——《促织经》，堪称中国蟋蟀研究的开创者之一。贾氏《促织经》原著今已不传，现在见到的是明人周履靖的增订本。全书万余字，详细介绍了捕捉、收买、喂养、斗胜、医伤、治病、繁殖等方法。"论斗"一节，有"促织三拗"一说。拗者，不顺常情也。三拗是："赢叫输不叫，一也；雌上雄背，二也；过蕫有力，三也。"蕫，即精囊。过蕫，指精囊肥大。其观察可谓细致入微。尤其对蟋蟀交配习性的发现，更发前人所未发，颇可称述。在今天，亦不失为一份难得的资料。

斗蟋蟀斗得倾家荡产？

　　明清两代历时 543 年，斗蟋之风经久不衰，尤以明宣德年间称盛。当时出了位酷爱斗蟋蟀的皇帝朱瞻基，岁岁有征，民不堪扰。皇帝曾敕令苏州知府采办蟋蟀。"今所进促织数少，又多细小不堪的。已敕他每（们）……要一千个……不要误了。"搜觅千头上好的蟋蟀，谈何容易！一敕至府，健夫小儿，常"群聚草间，侧耳往来，面貌兀兀，若有所失""至于溷厕之中，一闻其声，踊身疾趋如馋猫。"（明代袁宏道《畜促织》）为进贡一头蟋蟀而倾家

《唐苑嬉春图》【明】朱瞻基 绘
朱瞻基为朱棣之孙，他在位期间是明朝文治武功的巅峰时期。他特别喜欢斗蟋蟀，在绘画上也有很高的造诣。这幅画上的猫咪憨态十足，非常可爱

荡产，家破人亡的不在少数。可谓中国蟋蟀史上的"血
泪篇"。

明宣德青花汀州白鹭纹蟋蟀罐
宣德皇帝为了养虫斗虫命令景德镇烧造
了极其精美的蟋蟀罐。宣德死后，太皇
太后命令砸碎宫中和瓷器厂所有的蟋蟀
罐，因此宣德朝流传下来的蟋蟀罐非常
稀少

清代文学巨笔蒲松龄曾将这血泪篇章写成一短篇小说
《促织》。内容说的是明宣德年间，里胥（乡吏）奉上司之
命向一穷困潦倒的读书人成名索蟋蟀。成名到处捉不得，
就在惶惶不可终日、"忧闷欲死"之时，终于得到一头佳
品。谁知刚刚到手，却被顽皮的儿子捏死了。儿子惧怕父
亲责骂，投井自尽，虽被救起，却长眠不醒。其魂魄化
作一只轻捷善斗的蟋蟀。其父得之，献于皇帝，得了重
赏。这段生生死死的故事，入木三分地揭示了封建社会的
黑暗，堪称一篇蟋蟀文学佳作。近人将此故事改编成电
影上映，直题其名曰"蟋蟀皇帝"，真乃画龙点睛，一语
破的。

贾似道的《促织经》问世以后，明清两代有关蟋蟀的
专著又相继出过多部。除前已提及的《促织经》和《畜促
织》外，还有明代刘侗著的《促织志》，清代更有金文锦
的《促织经》，石莲的《蟋蟀秘要》，朱翠庭辑的《蟋蟀谱》，
金氏删定的《促织经》和朱从延纂辑、林德垓、庄乐耕重
订的《蚟孙鉴》等。汉代楚人称蟋蟀曰蚟孙，蚟孙或即蝗
孙。这些著作，大多以贾似道的《促织经》为基础，增益
而成。

近代，李文翀于1931年出版了《蟋蟀谱》一书，同年，
李石孙、徐元礼等编辑出版了一部集大成之作《蟋蟀谱》，
全书12卷，为盆图一卷，卷首一卷，谱10卷。此书卷帙
虽繁，内容仍未超越前人水平，故亦可视为明清文献之
余绪。

《斗蟋蟀》齐白石 绘

蟋蟀还能创造财富?

纵观历史，北京斗蟋蟀的风习，可谓源远流长，在明清文献中就屡有记述。明代袁氏《畜促织》中说："京师人至七八月，家家皆养促织。"清人潘荣陛的《帝京岁时纪胜》中记载："都人好畜蟋蟀，秋日贮以精瓷盆盂，赌斗角胜，有价值数十金者，为市易之。"

清朝的王公贵族，是在入关后才始嗜斗蟋之戏的。每年秋季，京师就架设起宽大的棚场，开局赌博。牵头的是织造府，因蟋蟀有促织之名，也就隶属于他们的管辖范围之内了。织造府为此发表告示规条，兴师动众，一时北京城成了以蟋蟀胜负而相角逐的一座赌城。

北京平民百姓斗蟋蟀与之不同，多属游乐性质。据老人们回忆，早年规定以四罐为一桌，即一组。斗前先比较双方蟋蟀的体形大小，如同今日拳击比赛，非同一等级的不相斗，大小相当的才能放入罐中一决雌雄。多数以月饼、花糕、水果为赌注，胜利一方的主人及围观者都可大饱口福，以求一乐。

笔者亲闻，在1949年以前，京城庙会上都有出售蟋蟀的市场，摊贩少则几十，多则数百，人来人往，熙熙攘攘。一入秋来，京郊草丛废墟中，觅蟋者成群结伙，或为三五少年，或为两三白头，其兴致之浓，不亚于嗜猎者。然而比起往昔，这情景只不过是斗蟋传统的残风余韵罢了。

斗蟋之戏，约源于唐，著于宋，而盛于明清。至现代，由于外敌入侵，内祸连绵，生灵涂炭，自顾不暇，何及于蟋。故至新中国成立前夕，斗蟋之俗已几近绝迹。

自20世纪70年代以来，随着人民生活水平的提高，文化娱乐活动渐渐多样化，民间斗蟋蟀的活动又兴旺起来。当代斗蟋蟀早已不是少数人的赌博手段，已和钓鱼、养鸟、种花一样，成为广大人民彼此交往、陶冶性情的文化活动，或可称之为最具东方特色的"蟋蟀文化"吧！80年代以后，中华蟋蟀协会在北京、天津、南京、上海、西安等许多城市相继建立，全国爱好斗蟋的人数已多达千万。同时，有些地方成立了蟋蟀文化研究院、中华蟋蟀俱乐部、中华鸣虫协会、秋虫馆（斗蟋馆），以及中华蟋蟀网站，等等。不少城市、地方连年举办中国蟋蟀文化节、组织中华蟋蟀大赛等。当代蟋蟀文化，或可谓盛况空前！同时，关于蟋蟀的著作出版日多。比如王世襄先生编注的《促织经大成》，堪称研究斗蟋文化的巨制佳作。

　　这里附带说及"蟋蟀经济"。20世纪末，台湾有位赖彬先生，初始雅好斗蟋，后发明一品新的菜肴"香酥蟋蟀"，大受食客欢迎。蟋蟀从害虫摇身一变而成为美馔。可是，蟋蟀野生，春发秋死，不能经常供应。他就建起蟋蟀温室养殖场，货源四季不断，生意红火起来。他也因这小虫而成为巨富。这一美味，如今已成为东南亚一些国家旅游餐桌上的一款名菜。21世纪初，中国出现了个"蟋蟀王国"，那就是明清时代年年向皇家进贡蟋蟀而闻名的、泰山西南的山东省宁阳县。近几年，宁阳发展起"虫经济"，即"蟋蟀经济"，一头名种蟋蟀价格高达千元、万元，每年捕虫之季，全国虫迷与虫贩蜂拥而来，多达数万人，全县每年收入数以亿计。从一个贫困县一跃而成了富裕县！这是往昔深受蟋蟀之害的宁阳人自己也未曾料到的！

（莫容）

《蟋蟀》
齐白石 绘

　　小时候，我和几个小伙伴都喜欢吹笛弄管，常常欢聚在林中塘畔，举行"儿童音乐会"。"乐器"没有一件是买的，都是就地取材，临时制作的。摘几片苇叶，卷成个筒，把吹口捏扁，就是一个小喇叭了。折段柳枝，把木质从皮内挤出去，剩下个树皮筒，就可以吹得呜呜作响了。用一片树叶或葱皮，放在唇边，也能吹出声音来。一次，有个小伙伴拾得一个羊角壳，居然成为我们小小乐队中的"高级乐器"。再捡两块卵石，打起节拍，嘟嘟，吱吱，呜呜，嗒嗒，相当热闹呢！这样的"儿童音乐会"，在成人看来也许是不屑入耳的，可是，我们这群孩子却都乐得手舞足蹈，流连忘返呢！

　　说到这儿，我想：人类在童年时代对音乐的兴致，或许与我们这群孩子的兴致差不多吧？

中国第一把笛子是谁制作的？

　　在古代中国，大凡不确知其始的古老文化成就，古人往往就归功于中华民族的始祖黄帝，于是，黄帝被尊奉为"人文之祖"。诸如弓矢、文字、历法、甲子、衣冠、宫室、舟楫等，据说都是黄帝或其臣子发明创造的。

　　《史记》《汉书》等古籍记载，中国音乐史上的第一把

《渔笛图》（局部）【明】仇英 绘

笛子，也是第一件标准乐器，就是黄帝令乐官伶伦制作而成的。大概是故神其事，还说那笛子是从大夏之西、昆仑之阴的解谷伐来的竹子制成的，共制成十二枚，可吹奏出十二个乐音，六个音似凤的鸣声，六个音似凰的叫声，也就是"六律"和"六吕"，合称"十二律吕"。如此说来，中国的音律史以伶伦制笛为开端，始于黄帝时代，已有史5000年了。

然而，事实并非如此。

古代乐器，统称"八音"。何谓"八音"？古代儿童识字课本《三字经》中说："匏土革，木石金，丝与竹，乃八音。"意思是，乐器是用匏（葫芦）、土、革（皮革）、木、石、金、丝、竹八种质地的原料制成的。这是自古以来公认的音乐常识。

然而，事实也不尽如此。

原始人制作骨笛做什么用？

二十多年前，考古学家在长江下游、钱塘江畔的一处古文化遗址中，发现了一大批骨笛。它们是用"骨"制成的，这就超出了古人关于制造乐器所用材料的"八音"说。它的年代比黄帝时代还要早2000年。因之，中国的音乐史开篇就不得不重新改写，从原来的5000年前上溯到7000年前。

与骨笛同出的，还有迄今所发现的中国最古老的船桨和第一个漆碗，以及其他许多前所未见的遗存。这些遗存代表着江南的一支古老文化，是在浙江余姚河姆渡新石器时代遗址中发现的，故而被称为"河姆渡文化"（前5000—

前 3300）。那骨笛也就被称为"河姆渡骨笛"。

河姆渡骨笛共出 160 枚，长的不过 12 厘米，短的只有 4 厘米。或开双孔，或只开单孔。可在不同调高上发出一两个乐音，还奏不出在一定调高上呈一定音程关系的"十二律吕"来。比之伶伦的竹笛简单而原始，因之，又称其为"骨哨"。

河姆渡先民制作这些骨笛作什么用呢？

文化人类学已然揭示，在人类的童年时代，笛子往往和巫术有关。世代在帕米尔高原上生息的塔吉克人，有一种"鹰笛"，是用鹰的翅膀骨管制成的。在那里流传着鹰笛惩治邪恶、扶助善良的许多神话。因而，视鹰笛为"神笛"。在有些民族的口头文学中，绘声绘色地讲述着"魔笛"的种种神奇故事。在古希腊，巫师用吹笛为人治病，哪里患病，就在哪里吹笛。据说笛声能消灾祛病。显然，这是从人类童年时代沿袭下来的遗风。

河姆渡骨笛是否也同巫术有关呢？目前尚难以作出明晰的判定。不过，从其数量很多、形制简陋来看，似乎还难以被赋予"神笛""魔笛"那样的法力，而却与东北鄂伦春、鄂温克族猎人用以诱捕猎物的狍哨、鹿哨的用途可能近似。河姆渡出土鹿科动物遗骨甚多，仅鹿角就有 400 多件，可知河姆渡人狩猎的对象主要是鹿类。那些骨笛更像是骨哨，很可能是用来模仿兽鹿鸣鸟叫的一种诱惑鸟兽的猎具。这与伶伦的竹笛可以模仿凤凰鸣叫之音倒有几分近似了。

因而，有的学者认为，作为乐器的笛子原本起源于模仿鹿鸣鸟叫的猎具骨哨。果真如此吗？或许仍有待进一步研究。

吹笛

骨笛蕴含着什么数学知识？

谁又想到，山外有山，天外有天。笛子考古又有新发现。

1987年12月10日，河南省文化厅在郑州举行的新闻发布会上，一位研究音乐的专家走上讲台，将一枚笛子举起向与会者展示。那是一枚七孔骨笛，在靠近第七孔处还有一小小调音孔。全长20厘米，身径约1.2厘米。两端略粗，是从一端吹奏的竖笛。它不像河姆渡骨哨那么简陋，比之塔吉克的三孔鹰笛（音域达九度）也进步得多。它是用鹰类的骨管制作的。其两端略粗些，是鹰的肢骨，或许它们原也曾被称为"鹰笛"呢！展示后，这位专家用骨笛吹奏起家喻户晓的乐曲《小白菜》。那"小白菜，地里黄，三两岁，死了娘……"的笛声，如泣如诉，凄婉动人。场上寂静而肃穆。

曲终，新闻发布人宣布，刚才诸位先生听到的悲曲，是在地下埋藏了8000年的骨笛奏出的，也可以说大家都听到了8000年前的古乐器奏出的乐曲。它的年代，经碳–14测定为距今7920年，上下误差不超过150年。我们称它"八千岁"，这没有夸张。

这骨笛是在郑州正南约150千米的舞阳县贾湖村原始社会遗址中出土的，共出18件，都是以猛禽的肢骨或翅骨制成的。这么多骨笛，若用以同时演奏伴舞，称得上是支可观的乐队，其情其景，想是壮观动人的。

舞阳骨笛，多为七孔，形制固定、制作规范。大多数音孔发音准确。稍有差异，则在音孔近侧加一小小音孔，加以调整。这些骨笛的乐音，既具备五声音阶，也合于增加两个变音的七声音阶。足见骨笛的制作者熟悉音律，制作前经过精心计算，之后又经过测音、较正。

我们知道，振动体的长度与振动频率有关。频率的多少与音高相关。其间有一定的数理规律，即"律制"。制乐必须遵循律制，否则就奏不出高低有序的乐音来。舞阳骨笛的律制属于古老的三分损益法。类似这种制律

《十八学士图》（局部）【南宋】刘松年 绘

法在古希腊、古阿拉伯都曾发明。在中国，最早见载于战国成书的文献《管子·地员篇》。因之，历来中国音乐史家多认为这一制律法大约形成于春秋时代。谁也没有想到早在 8000 年前就已在中原问世了。

依理可知，若制出合乎三分损益律的骨笛，就得在制笛实践中实际掌握三分损益法。在今日，要了解这种方法，也得具有比例、分数等相应的数理知识。这不能不令人疑惑：那时中原先民究竟已掌握了怎样的数理知识？与骨笛同出的有刻于龟甲、骨器和石器上的颇似文字的许多符号，有的似与殷墟甲骨卜辞中的文字一脉相承，一望可识。这不禁又令人生疑：这不就是今日汉字的雏形吗？难道黄河文化早在 8000 年前已透出一束文明的曙光？中华古老的文明史究竟有多么古老呢？

世界上的古老乐器，当今已知的最古老的击奏乐，是尼罗河上游非洲先民的陶鼓，距今已有 6000 年之久；最古老的弦乐器，是马尔城欧洲先民的竖琴，距今已有 4500 年之久；而最古老的管乐器，则是这黄河中游出土的亚洲先民的骨笛了。迄今，它不但是中国管乐器的鼻祖，也是世界管乐器的一位老寿星！

（郭伯南）

编钟

中国古代的乐器，若依演奏方法划分，大体可以分为三类：打击乐、吹奏乐、弹拨乐。而钟磬锣鼓，即属打击乐。在古代乐坛上与管弦为伍时，击奏乐以其铿锵有力、气势恢宏往往成为主旋律。这或许就是钟、磬为什么成为"乐坛之王"的缘故吧！

这里说说"钟"吧！

钟鸣能预报地震？

西汉武帝时，有一天，京都长安皇宫中未央殿前悬置的一口大钟，无缘无故地响了起来，一直闹了三天三夜。皇帝很奇怪，召集群臣询问缘由。先问太史待诏王朔，朔说：钟是铜铸的，铜属金，无端自鸣，是兵祸的先兆。又问博士东方朔，朔答：山将崩，钟先鸣，这是地动的征兆。武帝又问：当在何时？朔对：五日以内。三天过去了，南郡太守驰报，南郡地动引起山崩，广延二十余里。皇帝大笑，赏赐东方朔锦帛三十疋。

这故事发生在 2000 多年以前，是否有根有据，有待考证。令人惊讶的是这种现象不是绝无仅有的。1976 年，唐山大地震前夕，北京海淀区也发生了这样一件有趣的事。

一口多年的枯井，忽然夜半发出牛的叫声。附近居民深以为怪，就到井边去查看，井中并无任何异常。不久，唐山大地震就发生了。

地震将要发生，为何钟鸣井叫呢？原来，地层内产生的运动，也是有"声音"的。这种地声经地面传播，遇到中空的枯井、铜钟，就产生"空穴效应"，如同有了扩大器，将微弱的地声扩大了，人们就听到了。

钟井自鸣伴随地震现象出现，人或以为怪。可先民早在几千年乃至上万年以前，就已利用这种"空穴效应"的声学现象制造乐器了。最古老的"鼓"，就是中空的树干，以及粗竹。有趣的是，这空木、粗竹与钟腔、井穴一样，都起着音箱的作用。至今，乐器上多置有音箱，谁以为怪呢？

铜钟起源于何时？

音乐是有力量的表达，我们的祖先相信音乐的力量，在所有重要的场合都要奏乐。无论是祈神祭祀、敬天地祖先，还是招待来使、宴请宾客，都需要奏乐，其中最重要的乐器就是钟。钟的声音清脆悦耳，富有穿透力。

相传，黄帝时代就有了钟，钟是黄帝臣子倕发明的，已有5000年的历史。然而，这种古老的传说是值得推敲的。

从考古学的角度看，新石器时代的乐器已发现不少，已知的有骨哨、骨笛、陶埙、陶铃、陶鼓、陶喇叭，以及陶钟、石磬等。这些或是实用乐器，或是模型。但是，均可视为后世形制相似乐器的祖型。

但从音乐学的角度看，那就有些不同了。比如陶钟，

《雍正十二美人图·博古幽思》

或竹木质的中空器，虽都可以击奏出声响，而音质是难以固定的，一般也难以奏出旋律。只有历史进入青铜时代，以青铜铸钟，音质才得以逐渐固定。显然，只有铜钟才堪称真正的乐器。陶钟与铜钟，两者有质的不同，其关系，犹如猩猩与人，最多也只能说前者是后者的远缘祖先。

铜钟，最早在夏代已开始铸造。战国时的孟子和他的学生似乎曾看到过一个夏禹时代的钟，师生还进行了一番讨论呢！近年，夏文化的探索已为中国考古学家所注意。在夏人活动的晋南豫西地带多次发现大体相当于夏代的青铜器，如铜庸，即铜铙。今后，随着夏代考古工作的发展，夏钟的发现或许也有可能呢！

目前，我们见到的铜钟最早的是商钟。商钟种类很多，有用手执着敲击的"执钟"，也有置于木座上演奏的"铙钟"，还有悬置起来击奏的"悬钟"。悬钟又有单悬的"特钟"，与成组的"编钟"。商代编钟，早年发现的都是大小3枚一组。1975年，在安阳殷墟的一座王室大墓出土的编钟，是5枚一组。这是目前已知的数目最多的商代编钟。

周代是青铜时代的鼎盛时期，伴随着贵族阶级"钟鸣鼎食"的需求，编钟的铸造技术水平发展很快。西周中晚期，编钟已有8枚一组的。春秋时，又发展为或9枚，或11枚，或13枚一组的。四川涪陵出土的错金编钟，是战国初的遗存，已为14枚一套。从编钟由少到多的轨迹看，周代的音乐有迅猛的发展。

先秦时，有个师旷辨音的故事，恰好可以与此相印证。故事说，晋平公（前557—前532在位）欲铸钟，钟铸成了，平公很满意。可是，乐师师旷敲了敲，听了听，说钟音不准，提出销毁重铸。晋平公不同意，其他人也不同意。师旷说，现在，我们不销毁重铸，就会贻笑后人，只好让后人销毁重铸了。果然，后世有位音乐大师发现那套编钟的音律确实不准，只好重铸。这虽只是一例，足见当时乐师辨音之精确，态度之严肃认真。

这故事可靠吗？可靠的。春秋编钟，经中国民族音乐研究所的音乐考古专家黄翔鹏先生测音，认为这些古钟音律的准确性是值得称道的。其律制符合《管子·地员》记载的三分损益法。古人仅凭耳听测音，经得起用现代测音仪器的验证，是难能可贵的。

同时，还有更为可贵的。1960年，河南信阳出土一套13枚编钟，中央人民广播电台曾用这套编钟录制了《东方红》乐章，金声铿锵，清澈悦耳。曾有许多年，电台天天在清晨播放这古钟新声，迎接中国大地的黎明！

2400年前的华夏正音是什么样的？

后来，在涪陵出土了一套14枚的错金编钟，其数目之多，纹饰之华美，令人赞叹不已。可是，1978年，当曾侯乙编钟在湖北随县擂鼓墩战国古墓出土之后，涪陵错金编钟也就小巫见大巫，自叹天外有天了。

山东沂南北寨画像石《乐舞百戏图》画面再现了汉代乐舞表演的场景。乐队中，有撞钟、击鼓、击磬的，还有吹排箫，吹埙，鼓瑟等乐器的，八音齐全

曾侯乙出生于公元前 475 年或稍晚，在公元前 463 年前后成为国王。他兴趣广泛，非常重视乐器制造与音律研究。

　　他生活的时代是一个诸侯争霸、战乱纷争的年代。公元前 506 年，吴国进攻楚国国都郢，楚昭王逃到曾国。吴国要求曾国交出楚昭王，但是曾国不顾吴国的威胁利诱，拒绝交出楚昭王。后来，楚国在秦国的帮助下，击退了吴国。从此，楚国与曾国结盟。后来，江汉小国基本灭于楚国，唯有小小的曾国未亡，与强楚为邻，这与随国救下楚昭王的历史渊源、曾国重视礼乐文化有很大的关系。

　　公元前 433 年，曾侯乙去世，曾侯乙编钟及众多的随葬品下葬，楚昭王之子楚惠王还专门送来镈钟。

　　曾侯乙编钟多达 64 枚，分 3 层 8 组悬挂着。上层为钮钟，19 枚；中、下层为甬钟，45 枚。另外，还配有一枚镈，可能是用作定音的。

　　这套编钟最大的钟重 203.6 千克，最小的钟重 8 千克，总重达 5134 斤。连同悬挂编钟的钟架，共重 10000 余斤。这是迄今所知中国编钟史上最大的一套编钟。

　　曾侯乙编钟上分别镌刻有错金篆体乐律铭文，总数 2800 余字。钟体上的铭文堪称一部硕果仅存的先秦"乐学经典"，当代音乐辞书称之为《曾侯乙编钟铭》。

　　这些乐律铭文说明，早在春秋时代，我国不仅有七声音阶，在七个音之间还有五个完备的变音，已形成了完整的十二乐音体系。钟铭对每个音的名称和发音部位都有明确的记载，并对十二律的律名体系在楚、晋、周、齐、申诸国之间的异同及对应关系作了比较研究。

《雍正帝祭先农坛图》
再现了祭祀中演奏中和韶乐的场面

钟铭中所使用的乐律学术语，在科学概念上表现得相当精密。这些乐律术语有 2/3 以上不见于过去已知的传统的乐律学著作。这对研究我国先秦乐律学开拓了新的天地。

曾侯乙编钟是音域最宽广的古代乐器，从最低音到最高音，跨越了五个八度，仅比现代钢琴音域的两端各少一个八度。乐音的排列也与现代钢琴相同。

有趣的是，这些编钟分别敲击每一钟的隧部和鼓部，都能发出两个不同的乐音，两音相距小三度或大三度。这真是个独特的创造。不但世界上没有先例，就是我国的学者也仅仅是在研究了这套编钟以后才知道先秦乐工的这一奇巧发明。

曾侯乙编钟

在曾侯乙编钟出土以前，有些中外音乐家曾断言中国在战国时代尚无七声音阶，中国的十二律是战国末年由古希腊传来而稍稍汉化了的乐理。甚至说，中国的旋宫转调出现在汉代以后，甚至是隋代以后的事情，其来源也是受了西方文化的影响，等等。曾侯乙编钟的出土与研究成果表明，这些说法都不对，中国音乐史得重新改写，世界乐律史也得加以修订。

曾侯乙编钟的学术价值已为世界所公认。美国著名小提琴家梅纽因参观了这套编钟后说："希腊的音乐是全世界都承认的，可是希腊的乐器是竹木的，都未能保存下来，只有中国的乐器还能够使我们听到 2000 多年前的声音。"美国纽约市立音乐博士研究生院麦克·克莱恩教授曾致函中国音乐考古学家黄翔鹏说："曾侯乙编钟是我精神世界的圣山。"

《皇朝礼器图式·朝会中和韶乐编钟》

　　曾侯乙编钟，显现的不仅是一个国家的国力，也是一个国家的礼仪制度和文明。它不但是中国古钟史、音乐史上的骄傲，也是中国古代史，乃至世界古代史的骄傲。

（郭伯南）